FRANCIA
HONDARRIBIA
RGÓMANIZ
SOS DEL REY
CATÓLICO
VIELHA
OLITE
BIELSA
ARTIES
SEU D'URGELL
AIGUABLAVA
OMINGO
A CALZADA
CALAHORRA
CARDONA
VIC
SORIA
ALCAÑÍZ
ENZA
TORTOSA
ISLAS BALEARES
BENICARLÓ
TERUEL
CUENCA
LARCÓN
EL SALER
ALBACETE
JÁVEA
MAR
MEDITERRÁNEO
ORLA
PUERTO
LUMBRERAS
MOJÁCAR
SANTA CRUZ
DE LA PALMA
GOMERA
CAÑADAS
DEL TEIDE
HIERRO
MELILLA
ISLAS CANARIAS

José María Íñigo
y Antonio Aradillas

VISITA PARADORES DE TURISMO

EVEREST

Texto: José María Íñigo y Antonio Aradillas

Fotografías: Miguel Raurich
Con la colaboración de Manuel Blanco, Justino Díez, Oliviero Daidola y el Archivo Everest
Las fotografías de las páginas 10, 34 y 128 son obra de Antonio Garrido
La fotografía de la página 104 es obra de Philippe Imbault
Las fotos de las páginas 116 y 117, son cortesía del Parador de Plasencia

Diseño y diagramación: Gerardo Rodera

Diseño de cubierta: Alfredo Anievas

Cartografía: © Cartografía Everest

CUARTA EDICIÓN ACTUALIZADA

Carretera León-La Coruña, km 5 – LEÓN
ISBN: 84-241-3812-0
Depósito legal: LE. 255-2001
Printed in Spain – Impreso en España

EDITORIAL EVERGRÁFICAS, S. L.
Carretera León-La Coruña, km 5
LEÓN (España)

PRESENTACIÓN

José María Íñigo y Antonio Aradillas, director y subdirector, respectivamente, de la Revista Internacional de Turismo «Viajes y Vacaciones», afrontan en este nuevo libro el tema de los Paradores de Turismo de España.

Los Paradores de Turismo de España son parte importante de la oferta turística de nuestro país, en unos tiempos en los que la calidad, la cultura, el arte y la historia inspiran y hacen posibles no pocas programaciones de viajes y de vacaciones. La bien estudiada ubicación de los mismos es también una invitación a la naturaleza, la playa, la montaña, el silencio... para quienes sean precisamente tales valores los más apetecibles en su actividad turística.

La lectura fácil y cómoda del libro sobre los Paradores de Turismo ilustrará de modo prácticamente exhaustivo a quienes alguna vez hayan pensado en la Red de Paradores de España como fórmula de sus viajes y de sus vacaciones.

Huelga resaltar que los conocimientos teóricos y prácticos de los autores del libro se constituyen en garantía de información certera, oportuna y adecuada...

No es éste un libro tan sólo de datos fríos y asépticos. Es de información, pero también lo es de formación e ilustración acerca de la historia, el arte, las leyendas, la gastronomía, el folclore, los paisajes, la oferta deportiva... a la que es fácil acceder desde un determinado parador.

España entera es razón atractivamente turística desde los Paradores de Turismo. La estancia en cada uno de ellos se convierte en una de las más complacientes programaciones de viajes y de vacaciones en España, lo mismo para los de dentro que para los de fuera. Las preguntas y respuestas formuladas en relación con los paradores les abrirán a nuestros lectores la posibilidad del disfrute turístico que en la actualidad, y con proyección de futuro, está ya a punto de imponerse con todos los merecimientos.

Planos y fotografías complementan la información. Los mapas indican la situación del parador y su entorno, y ayudan a preparar salidas y excursiones. Las fotografías, numerosas, muestran diferentes aspectos de cada parador y sus alrededores.

Los colores que encuadran la numeración de cada página siguen esta clave:

- Parador enclavado en un edificio con valor histórico/artístico
- Parador enclavado en el centro o en las cercanías de núcleos urbanos
- Paradores situados en la costa
- Paradores de montaña
- Paradores próximos a nudos de comunicaciones
- Hosterías-restaurante

Este libro sobre los Paradores de Turismo se convertirá en el manual obligado de cuantas personas opten por colocar la intencionalidad de sus apentencias viajeras en unas instalaciones hoteleras realmente únicas en el mundo y que son admiradas sobre todo por los turistas extranjeros.

PARADORES DE TURISMO DE ESPAÑA

CENTRAL DE RESERVAS

C/ Requena, 3

28013 Madrid (España)

☎ 915 166 666 Fax: 915 166 657

www.parador.es

EDITORIAL EVEREST, S. A. quiere agradecer a la RED DE PARADORES su inestimable ayuda en la elaboración de este libro.

OFERTAS ESPECIALES

La Red Nacional de Paradores de Turismo efectúa con frecuencia ofertas especiales para sus potenciales clientes, entre las que resaltamos estas:

- **Días dorados:** A los mayores de 60 años se les ofrecen descuentos muy interesantes –hasta de un 35 por ciento– en los precios de habitación y desayuno-buffet en determinados Paradores.
- **Especial 2 noches:** Los clientes que repiten estancia en los Paradores, por quedarse dos o más noches consecutivas en régimen de media pensión, disfrutan de precios particulares en la mayoría de los de la red.
- **Libreta 5 noches:** De Parador en Parador o en el mismo Parador y con esta libreta, los usuarios pueden disfrutar de determinados descuentos en el precio de la habitación.

PARADORES DE TURISMO
MAR CANTÁBRICO
FERROL
RIBADEO
GIJÓN
SANTILLANA
VILALBA
CANGAS DE ONÍS
FUENTE DÉ
SANTIAGO DE COMPOSTELA
LEÓN
CERVERA DE PISUERGA
CAMBADOS
VILLAFRANCA DEL BIERZO
PONTEVEDRA
VERÍN
BAIONA
TUI
PUEBLA DE SANABRIA
BENAVENTE
ZAMORA
TORDESILLAS
SEGOVIA
SALAMANCA
CIUDAD RODRIGO
ÁVILA
ALCALÁ DE HENARES
GREDOS
JARANDILLA
OROPESA
TOLEDO
CHINCHÓN
PLASENCIA
PORTUGAL
CÁCERES
TRUJILLO
GUADALUPE
MANZANARES
MÉRIDA
ALMAGRO
ZAFRA
BAILÉN
ÚBEDA
CÓRDOBA
JAÉN
CARMONA
AYAMONTE
GRANADA
MAZAGÓN
ANTEQUERA
RONDA
NERJA
ARCOS
MÁLAGA-GIBRALFARO
CÁDIZ
MÁLAGA-DEL GOLF
OCÉANO ATLÁNTICO
CEUTA

FRANCIA
HONDARRIBIA
ARGÓMANIZ
SOS DEL REY
CATÓLICO
VIELHA
BIELSA
OLITE
ARTIES
SEU D'URGELL
S. DOMINGO
DE LA CALZADA
AIGUABLAVA
CARDONA
CALAHORRA
VIC
SORIA
ALCAÑÍZ
SIGÜENZA
TORTOSA
ISLAS BALEARES
BENICARLÓ
TERUEL
CUENCA
ALARCÓN
EL SALER
ALBACETE
JÁVEA
MAR
MEDITERRÁNEO
CAZORLA
PUERTO
LUMBRERAS
MOJÁCAR
SANTA CRUZ
DE LA PALMA
GOMERA
CAÑADAS
DEL TEIDE
HIERRO
MELILLA
ISLAS CANARIAS

PARADOR DE AIGUABLAVA «COSTA BRAVA»

Parador de Aiguablava
17255 Begur GIRONA

Conviene Saber

☎ 972 622 162
Fax: 972 622 166
aiguablava@parador.es
Localización: litoral costero
Categoría: ****
Precio: habitación 12.500-19.500 pta

Desayuno: 1.300 pta
Comida/Cena: 3.500 pta
Habitaciones: 69 dobles, 18 individuales
Instalaciones: aire acondicionado, bar, calefacción central, restaurante, gimnasio, jardín, piscina, salón de convenciones, sauna, teléfono
Tarjetas de crédito: AE, DC, EC, MC, V

¿Cuál es y a qué responde el nombre del Parador de Aiguablava?

Se denomina «Costa Brava» y responde a su ubicación en una de las zonas más bellas de esta costa gerundense, tan cualificada y de renombre turístico tan internacional.

¿En qué lugar de esta costa se halla este Parador?

Está enclavado en la Punta des Mut, pequeña península cubierta de arbolado, con numerosas playas y calas en su entorno. Tiene muy fácil comunicación por carretera con el aeropuerto «Girona-Costa Brava». A poco más de dos kilómetros se halla el cabo Bagur, desde el que se contempla una maravillosa vista del mar Mediterráneo. Sus encrespados acantilados y sus rocas hundidas por el empuje del mar justifican sobradamente el nombre de «Costa Brava».

¿Cuál es la principal oferta de playas de este Parador?

El hermosísimo litoral está compuesto por las calas de Sa Riera, Aiguafreda, Sa Tuna, Fornells, Tamariu y Aiguablava, junto con el complejo turístico de Cap sa Sal.

• A PIE

La villa de Begur se formó en la Edad Media en torno al castillo de Cruilles. Se la denominó «Beguro» o «Begurio». En el siglo XV obtuvo importantes privilegios, similares a los de Barcelona. En Begur se trabajó el coral. Hay que ver las ruinas del castillo, con preciosas panorámicas. La iglesia parroquial de San Pedro es gótica y en ella se guarda la colección «Pellá y Forgas», muestra importante de restos arqueológicos. En la costa hay cinco grandes torres de defensa o atalayas de los siglos XV y XVI. A poca distancia de Begur se halla Casa Pruna, con buena colección de restos de arqueología submarina con objetos pertenecientes a diversas naves de épocas distintas que se hundieron en el litoral de Gerona. Begur tiene antecedentes fenicios y en sus alrededores se conservan vestigios, como en las cuevas de Ses Falugues, símbolo religioso en honor del Universo al que adoraban los fenicios. Los siete islotes de las Illes Medes, que forman un pequeño archipiélago, reclaman una visita marítima. Están protegidas y declaradas «Parque Natural».

• EN COCHE

Merece la pena desplazarse hasta la ciudad de Girona para admirar sus atractivos turísticos. La antigua «Gerunda» romana es conocida como la ciudad de los tres ríos: Ter, Onyar y Güell. Destaca sobre todo su Catedral de Santa María, del siglo XIV, cuya nave central es de las más amplias de Europa en el estilo gótico, con 23 metros de anchura. Es bello su claustro románico. La torre de cinco pisos es conocida como Torre de Carlomagno y es del siglo XII. Hay que visitar el museo, con su célebre obra del «Tapiz de la Creación», de los siglos XI-XII, con diversas pinturas, arquetas, orfebrerías islámicas y códices como el *Beatus Gerundensis.* El monasterio benedictino de San Pere de Galligants es del siglo XIII, con bellísimo claustro. La Colegiata gótica de San Feliu es de diversos estilos. Otros edificios son éstos: baños árabes, «call» o barrio judío, edificio de la «Pia Almoina» del siglo XV, las calles típicas de la Forca, dels Ciutadans, plaza porticada, Pujada de San Domenec, Casa de las Águilas, convento de Santo Domingo, Fontana de Oro, Parque de la Dehesa, Museo de Arte, Museo de la Historia de la Ciudad, edificios modernistas...

- Banyoles es célebre por las bellezas de su lago natural, en el que además tienen lugar competiciones deportivas de fama internacional.
- Justifica acercarse a Figueres la visita a la iglesia de San Pedro, al Museo del Juguete, Museo del Ampurdán, al fastuoso Teatro-Museo de Dalí y a la Torre Galatea.
- Ampurias merece ser visitada por sus ruinas famosas, en las que las ciudades griega y romana se yuxtaponen, con ágora, anfiteatro y estatua de Esculapio.

Catedral de Girona.

Oferta gastronómica
Sopa de pescado, langosta con pollo, salmonetes al hinojo, zarzuela de pescados, langosta estilo «Costa Brava», pato con peras, cordero rustido al cava, paella con mariscos, arroz negro, crema catalana, «plátanos a la catalana», vinos del Ampurdán.

PARADOR DE ALARCÓN «MARQUÉS DE VILLENA»

Avenida Amigos de los Castillos, 3
16213 Alarcón CUENCA

Conviene Saber

☎ 969 330 315
Fax: 969 330 303
alarcon@parador.es
Localización: plaza del casco antiguo
Categoría: ****
Precio: habitación 18.500-19.000 pta

Desayuno: 1.300 pta
Comida/Cena: 3.700 pta
Habitaciones: 12 dobles, 2 individuales
Instalaciones: aire acondicionado, minibar, radio y TV vía satélite, salón de estar, bar, comedor
Tarjetas de crédito: AE, DC, EC, MC, V

¿Cuál es y a qué responde el nombre del Parador de Alarcón?

Se denomina «Marqués de Villena» y se ubica en el majestuoso castillo que perteneció al Marqués del mismo título, don Juan Pacheco, y que es el más bello y mejor conservado de la provincia de Cuenca.

¿Cuál es la historia del pueblo de Alarcón?

Alarcón fue antiguo emplazamiento romano y su nombre procede del rey visigodo Alarico. Lo conquistó su hijo y le dio el nombre de «Alaricón». Fue una de las fortalezas árabes más inexpugnables, dependiente del reino de Toledo. En ella murió el infortunado príncipe musulmán Mohamed Al-Feheri, *El Ciego*, el año 785. En 1184, fue conquistado por Hernán Martínez de Ceballos, capitán de Alfonso VIII, después de nueve meses de asedio, escalando sus muros con dos dagas vizcaínas. Perteneció después al Infante don Juan Manuel, quien aquí escribió buena parte de su obra literaria.

¿Qué característica especial tiene el castillo-fortaleza de Alarcón?

Junto con el recinto amurallado de la población de estructura medieval conservado en su totalidad, es uno de los mejores y más completos sistemas defensivos que hay en España. Las vistas son tan preciosas, como impresionantes sobre la villa, el Tajo, el anillo del Júcar y la estepa conquense.

• A Pie

La plaza del Infante don Juan Manuel, iglesia de Santo Domingo de Silos, Ayuntamiento, Casa-Palacio del siglo XVIII, iglesia de San Juan Bautista, iglesia de Santa María, iglesia de la Santísima Trinidad, Arco de la Villa, restos de la iglesia de Santa María de la Orden de Santiago y Casa Palacio de los Castañeda, en cuya planta baja se ubica el «Museo Miguel Ourbanzoff» que posee entre sus obras un arca en la que se guardaban los Privilegios Reales y los Fueros del Concejo de Alarcón. Hay que ver también la Torre de Alarconcillos, la Torre y Puerta del Campo, del Calabozo o de Enmedio, y los puentes de Cañavate o del Enchidero y de Picazo o de Chinchilla.

• En Coche

Merece la pena aprovechar la estancia en el Parador de Alarcón para contemplar y admirar los paisajes del embalse de Alarcón y del pantano El Picazo sobre el río Júcar, alargando la excursión por el Castillo de Garcí Muñoz, en el que fue herido de muerte Jorge Manrique, continuando después hacia Villaescusa de Haro, cuyo principal atractivo turístico es la capilla de la Asunción en la Iglesia Parroquial de San Pedro. La capilla fue construida en el siglo XVI por don Diego Ramírez de Fuenleal, en estilo isabelino, de planta cuadrada, con las estatuas orantes de la familia, con magnífica rejería, fechada en 1491, y con un impresionante retablo de madera policromada con profusión de tallas y remate flamígero de pináculos y crestería. En Villaescusa de Haro resalta el edificio de su Universidad «non nata», ya que se decidió no abrirla al haber sido abierta por el Cardenal Cisneros la de Alcalá de Henares, ya en estilo isabelino, de planta cuadrada, con las estatuas orantes de la familia, con magnífica rejería, fechada en 1491, y con un impresionante retablo de madera policromada con profusión de tallas y remate flamígero de pináculos y crestería. En Belmonte, la patria chica de Fray Luis de León, merece especial atención su Plaza del Pilar, Convento de Trinitarios, Casa de las Comedias, Palacio de Buenavista, Casa de los Baillo, el Pósito, Palacio del Infante don Juan Manuel, Iglesia-Colegiata de San Bartolomé y el impresionante castillo gótico mudéjar, plateresco y gótico-arábigo. En el castillo de Belmonte residieron doña Juana la Beltraneja, a la que sirvió de prisión, así como la emperatriz Eugenia de Montijo, para la que fue su hogar a la pérdida del trono de Francia. La Casa Palacio de los Castañeda de Alarcón le es atribuida a Jamete de Orleans, audaz arquitecto de la catedral de Cuenca. El coro de la colegiata de Belmonte es obra de los hermanos Egas y fue hecho para la catedral de Cuenca, pero se instaló en esta colegiata en 1757.

Muralla de Belmonte.

Oferta gastronómica
Paletilla de cordero lechal asada a la miel del romero, ciervo macerado al vino tinto, «entretenimientos del Parador», morteruelo, alajú de Alarcón, pastelillos del Infante don Juan Manuel.

Parador de Albacete «La Mancha»

Ctra. Nacional 301, km 251
02000 ALBACETE

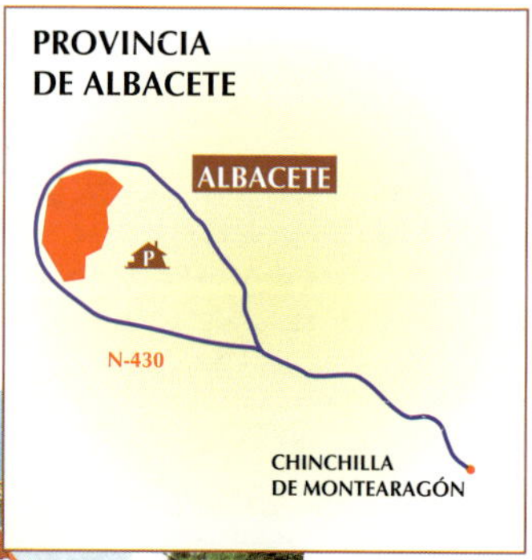

Conviene Saber

☎ 967 245 321
Fax: 967 243 271
albacete@parador.es
Localización: carretera
Categoría: ***
Precio: habitación doble 13.500-15.000 pta

Comida/Cena: 3.500 pta
Desayuno: 1.300 pta
Habitaciones: 67 dobles, 3 individuales
Instalaciones: baño, aire acondicionado, radio, minibar, TV vía satélite, piscina, pista de tenis, bar, comedor, salón de convenciones
Tarjetas de crédito: AE, DC, EC, MC, V

¿Cuál es y a qué responde el nombre del Parador de Albacete?

Es denominado «De La Mancha» por estar ubicado en esta comarca natural española, de 79,226 km², posiblemente la más amplia, perfecta y homogénea de Europa, que se acerca mucho en extensión a Portugal continental, a Austria y a Irlanda, y que dobla la de Dinamarca, Suiza y Bélgica.

¿Qué significa «Mancha»?

Es una palabra árabe que quiere decir «tierra seca», y que a finales del siglo XII se transformó en «Mangla» o «Mancla». Y, en efecto, en esta comarca el total de las precipitaciones anuales es aproximadamente una cuarta parte menos que el del conjunto de la media nacional.

¿Cuáles son las principales actividades de ocio que se pueden disfrutar desde el Parador de La Mancha?

La pesca y la caza son los deportes sobre los que se centra la actividad de este parador. Efectivamente, La Mancha constituye un marco idóneo para su práctica, dada la enorme variedad de especies y la abundancia de ejemplares que ofrece.

• A Pie

El nombre de Albacete se lee ya en un viejo Cronicón del año 744, cuando era tan sólo una aldea, habiéndola elevado a villa en 1375 el Marqués de Villena y, en 1862, a ciudad, Isabel II. Hoy es la mayor ciudad de toda la Comunidad y es conocida como la Nueva York de Castilla-La Mancha. En ella hay que ver la catedral de San Juan Bautista, el monasterio de la Encarnación, la Posada del Rosario, la Casa de los Picos, la Parroquia de la Purísima Concepción, la casa conocida como La Perona, Palacio de la Diputación, algunos notables edificios del siglo XIX, la ermita de San Pedro de Matilla en el paraje de Los Llanos... Y especialmente su museo, con interesantes fondos prehistóricos, ibéricos y romanos, como las muñecas articuladas de Ontur, la cabeza del Llano, la espada de la Hoya, el grupo de alabastro de Hércules y Anteo... En Bellas Artes sobresale la colección de Benjamín Palencia y obras de Antonio López.

• En Coche

Hay que visitar Chinchilla de Montearagón, que podría ser la remota «Saltigi» citada por Ptolomeo y que en el siglo XV alcanzó su mayor esplendor bajo el dominio de los Villena. Fue cabeza de toda la Mancha de Montearagón; su templo de Santa María del Salvador está considerado como el mejor monumento de toda la provincia, con hermoso ábside plateresco y enorme retablo renacentista, atribuido a Esteban Jamete. En la capilla de la Comunión hay tablas del Maestro de Albacete y algunas del Maestro de Chinchilla. Tiene portada renacentista e iglesia del siglo XV el convento de Santo Domingo. El ayuntamiento, con fachada del siglo XVIII, luce un colosal medallón de Carlos III. El casco antiguo está poblado de casas solariegas. Impresionan los muros del castillo, con restos romanos y godos, pero restaurado en el siglo XV por el Marqués Villena, don Juan Pacheco. Hay que visitar

Plaza del Altozano. Albacete.

Oferta gastronómica
Sopas de boda, gazpachos, ajo mataero o ajo puerco, atascaburras, revueltos de trigueros, zarajos, lágrimas, lástima de aldea, pan de Calatrava, perdices en escabeche, perdiz con judías, cabrito lechal, pisto, mojete, chuletas de cordero al ajo cabañil, miguelitos, queso manchego y vinos de la tierra.

también los baños árabes, la Plaza Mayor y la Cárcel del Partido. Son típicas de Chinchilla las cuerveras, bandejas de barro, barnizadas con plomo, que albergan pequeños cuencos para beber vino mezclado con agua, azúcar y limón. Merecen también una visita el Mesón de las Peras, el Museo de Cerámica, la Casa de la Tercia, el Hospital de San Julián y el Palacio de los Barnuevo.

Albacete se identifica muy especialmente con su Feria. Este privilegio emana de la reina Isabel la Católica, conformado después por Felipe V en 1710. La Feria se instaló en Los Llanos, junto a una comunidad de Franciscanos. En 1783 se construyó un edificio para su celebración.

La cuchillería se lleva la palma entre las actividades artesanales de Albacete. La mitad de los cuchillos y navajas de España se fabrican en esta ciudad, con notable exportación al extranjero. Esta tradición se remonta a los tiempos de los árabes, y de ella hay constancia documentada ya en 1377. Entre los tipos de navajas sobresalen la «capaora», la «pastora», la «lengua de Vaca...».

PARADOR DE ALCAÑIZ «LA CONCORDIA»

Castillo de Calatravos
44600 Alcañiz TERUEL

Conviene Saber

☎ 978 830 400
Fax: 978 830 366
alcañiz@parador.es
Localización: convento en la ciudad
Categoría: ***
Precio: habitación 15.000-17.500 pta

Comidas: desayuno, almuerzo y cena
Desayuno: 1.300 pta
Comida: 3.500 pta
Habitaciones: 11 dobles, 1 individual
Instalaciones: bar, calefacción, teléfono, aire acondicionado, ascensor
Tarjetas de crédito: AE, DC, EC, MC, V

¿Cuál es y a qué responde el nombre del Parador de Alcañiz?

Este parador se llama «De la Concordia» por firmarse en él el pacto entre Pedro IV de Aragón con Enrique II de Castilla y también por acoger las primeras deliberaciones para elegir un nuevo soberano a la muerte de Martín el Humano.

¿Qué característica particular tuvo este castillo?

Ubicado en la cima del cabezo de Puy Piñós, fue un castillo-convento, sede de la Orden Militar de Calatrava, a la que fue donado por Alfonso II el año 1179. En esta fortaleza y en su Torre del Homenaje, se pueden admirar pinturas murales góticas referentes a la conquista de Valencia por Jaime I de Aragón. Además hay un pequeño claustro con sarcófagos de otros tantos Maestres de Calatrava.

¿Qué personaje importante estuvo relacionado con este edificio?

Juan de Lanuza, virrey de Aragón, edificó el campanario-sacristía y hospedó aquí al emperador Carlos V. Construyó, además, en la iglesia un sepulcro de alabastro, de estilo plateresco, obra del maestro Forment. El año 1728 el príncipe Felipe, hijo de Felipe V, transformó parte del castillo en un bello palacio de estilo aragonés. Este palacio, llamado de los Comendadores, barroco, alberga las instalaciones del Parador y desde él es posible disfrutar de la bella panorámica de la ciudad y de la vega del Guadalope.

Campos de Alcañiz.

• A Pie

Alcañiz es la ciudad más importante del Bajo Aragón y en ella resalta monumentalmente su colosal Colegiata de Santa María la Mayor, de estilo barroco con reminiscencias del mudéjar aragonés. Es obra del siglo XVIII y su fachada —como un gigantesco retablo— sólo ha sido y es superada por la de la Catedral de Murcia. Es monumental por sus dimensiones, con meticulosa ornamentación. Posee una buena colección de arte sacro. El Ayuntamiento es una de las mejores creaciones de la arquitectura civil aragonesa del estilo renacentista. Construido en el siglo XVI, consta de tres plantas con gran alero. La fachada presenta el blasón de la ciudad. En su interior guarda diversas esculturas de Damián de Forment. El edificio de La Lonja, con esbelta galería de estilo gótico catalán del siglo XV, presenta tres grandes arcadas ojivales. Hay que ver además los conventos de los Franciscanos, Carmelitas y Dominicos.

• En Coche

Después de visitar el Santuario de la Virgen de Pueyos y el pantano de la Estanca, con su oferta deportiva náutica, hay que dirigir los pasos hacia lugares cercanos con importantes contenidos prehistóricos, como el Val del Charco del Agua Amarga, Cabezo del Cuervo, el Cañizar, el Cascarujo y el Cabezo del Palao. Es de gran interés la ruta llamada del Tambor y del Bombo que recorre los pueblos de la comarca en los que típicamente se celebra la Semana Santa con redobles constantes del tambor. La ruta parte de Alcañiz y pasa por Calanda, villa natal de Buñuel, con sus paisajes naturales del desierto. Alcorisa tiene interesante iglesia del siglo XIV y es famoso su Calvario con Pasión. Molinos, Andorra, Albalate del Arzobispo, Urrea de Gaén y su Cueva del Tesoro son hitos de la ruta. También lo es Híjar con su antiguo barrio judío, sinagoga y Plaza Mayor, así como Puebla de Híjar con su iglesia barroca del Salvador y Damper de Calanda con su artesanía del bombo.

• Alcañiz parece coincidir con la ciudad ibera de «Anitorgis» que aparece en las crónicas de Tito Livio. Los musulmanes la denominaron «Alqanit» o «Los Cañizos».

• En la capilla del castillo yacen los restos del Justicia Mayor de Aragón, Juan de Lanuza.

Oferta gastronómica

Pollo al chilindrón, cordero a la pastora, ternasco asado con patatas a lo pobre, arroz a la aragonesa, berenjenas rellenas de carne, alubias con perdiz, pintada a la cazadora con trufas y setas, «tortas del alma», almendrados, montaditos de ciruela con nata, «tetas de Santa Águeda», vinos de Cariñena. Son exquisitos los aceites.

Parador de Almagro

Ronda de San Francisco, 31
13270 Almagro CIUDAD REAL

Conviene Saber

☎ 926 860 100
Fax: 926 860 150
almagro@parador.es
Localización: convento en la ciudad
Categoría: ****
Precio: habitación 15.000-17.500 pta
Comidas: desayuno, almuerzo y cena

Desayuno: 1.300 pta
Comida: 3.700 pta
Habitaciones: 43 dobles, 3 individuales
Instalaciones: bodega típica, aire acondicionado, salón de convenciones, restaurante, calefacción, jardín, piscina, teléfono, acceso discapacitados
Tarjetas de crédito: AE, DC, EC, MC, V

¿Por qué se denomina «Maestre de Calatrava» al Parador de Turismo de Almagro?

Almagro es conocida como «Cabeza de la Orden y Campo de Calatrava». Esta Orden de Caballería fue fundada por San Raimundo de Fitero y Diego Velázquez, y sus Reglas fueron aprobadas en 1164 por el papa Alejandro III. Tuvo una importante participación activa en la Reconquista, sobre todo en la actual región de La Mancha.

¿En qué lugar se ubica el Parador de Almagro?

Lo está sobre el antiguo convento de San Francisco, construido por don Jerónimo Dávila —familia Dávila de la Cueva— en 1596. Es un noble edificio, con 16 patios, con galerías, y resalta el antiguo refectorio.

¿Cuáles son los orígenes de Almagro?

Su nombre procede del color predominante de sus tierras rojizas, y fue núcleo poblacional en la época romana, visigótica y árabe, aunque su nacimiento puede establecerse a raíz de la batalla de Las Navas de Tolosa en 1212. En 1273 fue sede de las Cortes celebradas por Alfonso X el Sabio. A partir del siglo XIV fue corte de los Maestres de Calatrava.

• A Pie

En Almagro hay mucho y muy bueno que ver y admirar. Su Plaza Mayor amplísima, acristalada y porticada, es única en España. Sorprende su aspecto en tierras manchegas, aunque así lo quisieron los Fugger, banqueros flamencos del emperador Carlos V, quienes con nostalgias norteñas se instalaron aquí para administrar las minas de Almadén. En la misma plaza se encuentra el Corral de Comedias, construido en el siglo XVI, único en su género en todo el mundo. Hay que admirar el Museo del Teatro. Hay que visitar y admirar, también, el Palacio Maestral, la estatua del descubridor Diego de Almagro, la parroquia de San Bartolomé el Real y su «Cristico», la iglesia de San Agustín, los hospitales de San Jerónimo y San Juan de Dios, el almacén de los Fugger, la iglesia de la Madre de Dios, la iglesia y convento de la Asunción, los palacios de los Fugger, Molina, Rosales, Oviedo, Casa Prioral, portada de los Xelder, de los Marqueses de Torremejías, del Conde de Valparaíso, Monzón, Zúñiga, Medrano, el Pósito, el Teatro Principal…

• En Coche

En dirección a Bolaños de Calatrava se encuentra el santuario de Nuestra Señora de las Nieves, cuya iglesia fue edificada en el siglo XVI por don Alvaro de Bazán, adosándosele una plaza de toros después. A esta imagen se acogió el ilustre marino en la batalla de Lepanto. Bolaños de Calatrava conserva un bien cuidado castillo en el que es fama que naciera Fernando III el Santo. En su término son numerosos los restos romanos. La iglesia de la localidad es del siglo XVI, con interesantes imágenes y retablos. En dirección opuesta y pasando por Miguelturra, se llega a Ciudad Real —«Villa Real»—, que fue fundada en 1255 por Alfonso X el Sabio, con murallas y torreones. Entre sus monumentos hay que reseñar la catedral de Santa María del Prado, inicialmente gótico-renacentista, con el particular interés de su Puerta del Perdón, retablo mayor en el que se encuentra la Virgen del Prado sobre trono de plata. La iglesia de Santiago es la más antigua y data del siglo XIII. La iglesia de San Pedro es gótica y destaca en ella el impresionante monumento funerario del chantre fundador Fernando de Coca. La puerta de Toledo, símbolo de la ciudad, fue edificada en 1328. Del Alcázar levantado por Alfonso X el Sabio sólo quedan restos de murallas. A unos 8 kilómetros se encuentra la ermita de Nuestra Señora de Alarcos, lugar en que se libró la importantísima batalla con victoria final de los moros.

• Durante el mes de julio se celebra en Almagro el Festival Internacional de Teatro, con participación de las mejores compañías nacionales y extranjeras.

• Los productos artesanales más típicos de Almagro son los encajes y bordados de bolillos, debido tal vez a la presencia constante en esta ciudad de los flamencos y tal vez también a que en ella residiera algún tiempo, con su cortejo fúnebre, doña Juana la Loca, en su peregrinar largo y dramático por el entierro de su esposo Felipe el Hermoso.

Oferta gastronómica
De modo especial, las judías a la almagreña, pollo a la almagreña, chuletas de cordero al sarmiento, berenjenas con crema y jamón, magras con pisto, codilletes Maese Pedro, pisto manchego, mojete, migas, tiznao, galianos, el salmollao, tortillas de maíz, tortas de manteca, tartas franciscanas, pastel de queso a la menta, tocinos de cielo, cubiletes. El queso manchego, con su denominación de origen, goza de renombre mundial.

PARADOR DE ANTEQUERA

Paseo García del Olmo, s/n
29200 Antequera MÁLAGA

Conviene Saber

☎ 952 840 261
Fax: 952 841 312
antequera@parador.es
Estilo: arquitectura local
Categoría: ***
Precio: habitación 12.500-13.500 pta
Comidas: desayuno, almuerzo y cena
Desayuno: 1.200 pta
Comida: 3.500 pta
Habitaciones: 55 dobles
Instalaciones: restaurante, bar, jardín, piscina, aire acondicionado, calefacción, teléfono, salón de convenciones
Tarjetas de crédito: AE, DC, EC, MC, V

¿Junto a qué peña se encuentra la ciudad de Antequera, en la que se sitúa el Parador de Turismo?

Antequera, ciudad en la que son perceptibles sus huellas romanas y musulmanas, está situada junto a la «Peña de los Enamorados», escenario de numerosas y románticas leyendas protagonizadas por el joven moro Ahmed Alhaizar y una cristiana. Esta ciudad logró su máximo esplendor entre los siglos XVI y XVIII.

¿Qué es «El Torcal» y por qué es imprescindible programar una visita a este lugar, cercano a Antequera?

Se trata de una auténtica maravilla de la naturaleza en la que la acción del agua sobre la roca calcárea ha llegado a producir paisajes increíbles. Varios senderos señalizados recorren estas fantásticas formaciones geológicas.

¿A qué se llaman «Los Dólmenes» y por qué reclaman una visita?

Los dólmenes de Menga, Viera y El Romeral son unas enormes tumbas colectivas construidas entre los años 2500 y 1800 a. C. Son cámaras funerarias cubiertas por un túmulo, que se caracterizan por su construcción con enormes losas de piedra. La más grande tiene cien toneladas de peso. La cámara de la cueva de Menga es rectangular. La del Romeral trapezoidal.

Habitación del Parador.

• *A Pie*

La Colegiata de Santa María la Mayor, construida en 1514, de impresionantes proporciones y con artesanado mudéjar. Fue uno de los primeros monumentos renacentistas de su época. Se accede a ella por el Arco de los Gigantes. Los Jardines de la Alcazaba y la Torre del Homenaje, la iglesia de San Salvador, el convento de la Encarnación, las iglesias de los Remedios y la de San Zoilo, el Museo Municipal instalado en el Palacio de Nájera, del siglo XVIII, Palacio del Marqués de Villadarias y del Conde de Pinofiel, capilla votiva del Portichuelo, calles, plazas y paisajes reclaman la admiración de los visitantes.

• *En coche*

El paisaje cárstico del Torcal y Los Dólmenes, que son los más bellos ejemplos de la arquitectura funeraria prehistórica de España, han de ser puntos de referencia de la programación turística, junto con el lugar denominado «Garganta del Chorro», que es también una zona de gran belleza natural, angosto tajo formado por la erosión de un río que, con sólo diez metros de anchura, en algunos tramos llega a alcanzar 400 metros de profundidad. Una estrecha pasarela, conocida como «Camino del Rey», recorre tan espectacular garganta.

Oferta gastronómica

Porra antequerana, el pío o remojón, gazpacho antequerano, rabo de toro, perdiz, jabalí, postre monjil bienmesabe y dulces navideños como alfajores, mantecados, polvorones y roscos.

Se ubica en la Sierra de Abdalajis. La Laguna de Fuente de Piedra, de sólo 18 km², es de elevada concentración salina, por lo que se explota en ella la sal común y posee abundante avifauna. Alora fue municipio romano y conserva torres y arcos del castillo árabe. Es cuna del cante por malagueñas. Teba y Campillos son también merecedores de una visita.

• El Efebo de Antequera es una hermosa escultura romana de bronce del siglo I que se halla en su museo. Una de sus salas está dedicada al pintor Cristóbal Toral y entre sus obras resalta *El Paquete*. De sus esculturas sobresale un San Francisco, de Pedro de Mena.

• El «Papabellotas» es un reloj mandado fabricar y colocar por el rey Felipe II en la Torre del Homenaje de las murallas de Antequera.

• En El Chorro es indispensable admirar las bellezas naturales de su pantano y la iglesia rupestre mozárabe de Bobastro.

Parador de Arcos de la Frontera

Plaza del Cabildo, s/n
11630 Arcos de la Frontera CÁDIZ

Conviene Saber

☎ 956 700 500	**Desayuno:** 1.300 pta
Fax: 956 701 116	**Comida/Cena:** 3.500 pta
arcos@parador.es	**Habitaciones:** 20 dobles, 4 individuales
Localización: pl. del casco antiguo	**Instalaciones:** aire acondicionado, ascensor, bar, calefacción, teléfono
Categoría: ***	**Tarjetas de crédito:** AE, DC, EC, MC, V
Precio: habitación 17.500 pta	

¿Cuál es el nombre del Parador de Arcos de la Frontera?

Se denomina «Casa del Corregidor» y está ubicado en el centro de uno de los pueblos más preciosos y fotogénicos de España, alrededor del castillo de los Duques de Arcos, cortado en tajo por uno de sus lados que da al río Guadalete y con un bello embalse por el otro.

¿Qué característica principal tienen las sierras cercanas a Arcos?

En ellas crecen los pinsapos, un abeto reliquia de la era cuaternaria, verdadero fósil viviente. Además, y debido a la proximidad del Atlántico, esta región alcanza un índice de humedad de los más altos de España. Los embalses de Bornos, Arcos y Guadalecín testimonian esta riqueza de aguas.

¿Cuáles son las fiestas principales de Arcos de la Frontera?

Su Semana Santa está declarada de Interés Turístico Internacional y en su Domingo de Resurrección es tradicional el encierro del «Toro del Alleluia». Otras fiestas son la Velada de Nuestra Señora de las Niveles, en agosto; en septiembre, la Romería del Santísimo Cristo del Romeral y las Ferias y Fiestas de San Miguel.

Dos vistas del Parador de Arcos de la Frontera.

Oferta gastronómica
La cocina es la típica andaluza, como «el pescaíto frito», y además, ajo a la Comendadora, perdiz en salsa de almendras, ajo molinero, pierna de cordero al jerez oloroso, revuelto de espárragos trigueros, rabo de toro, natillas de la abuela, jalea de naranja y zanahoria, alfajores y turrón de Cádiz. Los vinos, de la zona.

• A Pie

El castillo de los Duques fue residencia de los Reyes de Taifas de Arcos y sus dos torres son del siglo XV. La iglesia de la Asunción de Santa María, del siglo XV, es gótico-mudéjar. La parroquial de San Pedro tiene aires catedralicios, con cuadros de Pacheco, Zurbarán y Ribera. Es del siglo XIV, pero con torre y fachada barrocas. Merecen ser visitados el Ayuntamiento, el Palacio del Conde del Águila, los conventos de la Encarnación, de San Francisco y de San Agustín, la iglesia de la Caridad, el Arco de Matrera, la Casa de la Cuesta de Belén, la capilla de la Misericordia, el Asilo de la Caridad, la calle de las Monjas y la calle del Beso. De modo especial hay que admirar sus alrededores y callejear sosegadamente por todo el conjunto.

• En Coche

Entre tantas posibilidades viajeras que tiene y ofrece Arcos de la Frontera desde su parador, reseñamos al menos las siguientes: «Ruta de los Pueblos Blancos», en la que se encuentran Ronda, Grazalema, Ubrique, Olvera, Setenil, Espera, Bornos, Villamartín, Algodonales, El Bosque, Zahara de la Sierra, Benaocaz, Torre Alhaquime... Otra ruta de gran interés y aceptación turística es la denominada «Ruta del Toro», que tiene presentes los pueblos siguientes: Paterna de la Ribera, Medina-Sidonia, Alcalá de los Gazules, Los Barrios, Castellar de la Frontera, Jimena de la Frontera... A lo largo de este recorrido, cuyo protagonista es el toro bravo, es posible admirar el paisaje junto a los cortijos, tentaderos y dehesas. «La Ruta del Vino» es otra opción agradecidamente turística, pasando por Rota, Chipiona, Sanlúcar de Barrameda, El Puerto de Santa María, Jerez de la Frontera..., y en tal ruta es posible y hasta obligado visitar varias bodegas y degustar tan afamados y acreditados vinos. La «Ruta de la Costa Gaditana» pasa por Cádiz, San Fernando, Chiclana de la Frontera, Conil de la Frontera, Zahara de los Atunes, Bolonia, Tarifa, Algeciras, San Roque y La Línea de la Concepción.

• Los vinos más famosos del llamado «Marco de Jerez» son, entre los blancos secos, el amontillado, la manzanilla, el fino y el oloroso. Entre los vinos tintos dulces, el moscatel y el Pedro Ximénez.

• Cada uno de los pueblos blancos es un festival de luz y balcones con flores.

PARADOR DE ARGÓMANIZ

Ctra. Nacional I, km 363
Argómaniz ÁLAVA

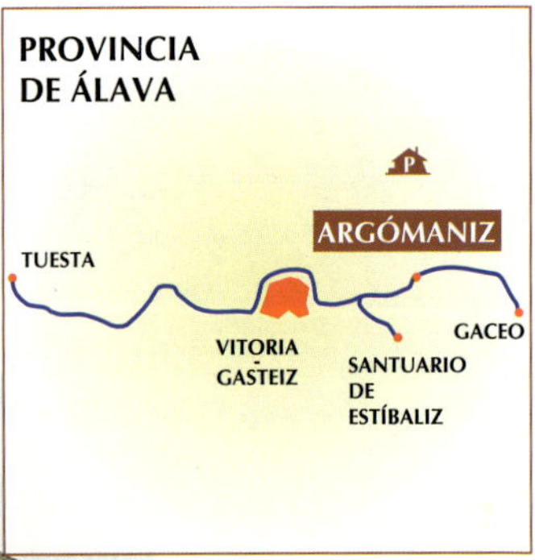

Conviene Saber

☎ 945 293 200
Fax: 945 293 287
argomaniz@parador.es
Localización: carretera
Categoría: ***
Precio: habitación 15.000 pta

Desayuno: 1.300 pta
Comida/Cena: 3.500 pta
Habitaciones: 53 dobles
Instalaciones: bar, restaurante, salón de convenciones, calefacción, teléfono, ascensor, jardín
Tarjetas de crédito: AE, DC, EC, MC, V

¿En qué lugar del País Vasco se ubica el Parador de Argómaniz?

A 12 kilómetros de Vitoria, en la «Llanada Alavesa» y en el pequeño pueblo de Argómaniz, próximo a las sierras de Urbasa y Gorbea, junto a la carretera N-I de Madrid a Irún.

¿En qué edificio se encuentra instalado este Parador?

En el Palacio de los Larrea, construido en el siglo XVII. Don Juan de Larrea y Larrea, estudiante de la Universidad de Salamanca, regentó en ella varias cátedras y luego fue nombrado Oidor de la Gran Cancillería de Granada y miembro del Real Consejo de Hacienda. Felipe IV lo elevó a ministro de Consejo Superior de Castilla. Fue caballero de la Orden de Santiago. Su hijo, don Juan de Larrea Enayo, fue caballero de la Orden de Calatrava, miembro del Consejo y Junta de Guerra y Cámara, del Consejo de Indias y secretario del Despacho Universal del rey Carlos II, quien lo eligió para efectuar en su nombre su matrimonio con doña Ana María de Newburg. Murió en el pueblo madrileño de San Martín de Valdeiglesias.

¿Qué característica tiene la fachada de este Palacio-Parador?

En su fachada, de blanca piedra sillar y bajo alero, se repite el escudo que corona el Santuario de Larrea, árbol de cinco paneles, bordadura de aspas, todo ello a la sombra de la Corona Ducal.

Plaza Nueva en Álava.

• A pie

Es posible pasear por sus alrededores, aunque en ocasiones, y haciendo uso discreto del coche, es aconsejable acercarse a la Sierra de Gorbea, a las ruinas del famoso castillo de Guevara, el pantano de Ullibarri, Bengoa, a la iglesias románicas de Matauco, Argandoña, Oreitia, Lasarte, a la torre medieval del Infantado en Mendoza con su Museo de Heráldica Alavesa, al puente romano de Trespuentes y al Cerro de Estíbaliz con su monasterio.

• En coche

La oferta turística monumental de Vitoria-Gasteiz, capital administrativa del País Vasco, es rica y múltiple.
He aquí algunos puntos de referencia: Plaza de la Virgen Blanca, iglesia de San Miguel, Plaza del Machete, Catedral de Santa María, el Portalón, Palacio de Escoriaza-Esquivel, Palacio de Álava-Esquivel, Torre de Doña Otxanda, iglesia de San Pedro, iglesia de San Vicente, Casa del Cordón, Palacio de Bendaña, Palacio de Villasus, Palacio Episcopal, los Arquillos, la Plaza Nueva, Catedral Nueva, Paseo de la Senda, Palacio de Ajuria-Enea —actual residencia de Lehendakari—, Plaza de los Fueros, Parques de San Juan de Arriaga, la Aranbizkarra, de Molinonuevo.
La oferta museística de Vitoria es muy rica, sin pasar por alto a las muchas y bellas estatuas al aire libre.

Oferta gastronómica
Caracoles, «perros chicos», especie de setas, pencas rellenas, costillar de cordero al horno, lomo de merluza con aromas de primavera, morros de ternera, pechugas de paloma al contino, espárragos trigueros en vinagreta de trufa, col rellena de rabos de buey, habas de Vitoria con «perros chicos».
Buñuelos y hojaldre, sorbete, peras al vino sobre crema de arroz, cuajada de oveja lacha, tostada de crema con natillas, tarta de crema quemada.
Vinos de Rioja Alavesa.

Entre los museos, el de Bellas Artes, el de Naipes de Heraclio Fournier, de Armería, de Arqueología con su estela del Jinete, de Ciencias Naturales...
• El santuario de Estíbaliz es centro de peregrinación de los alaveses.
• La imagen de la Virgen presidía ya en el siglo X habitualmente las asambleas legislativas y judiciales de la provincia.
• La visita a Gaceo tiene excepcional interés turístico, dado que al restaurar su iglesia recientemente se descubrieron unos frescos góticos y en ellos se ve el infierno representado en las fauces de una ballena, escenas de la vida de la Virgen, el Calvario y un Cristo de Majestad.
• En la iglesia románica de Tuesta admire su portada con arquivoltas y capiteles historiados, en uno de los cuales un hombre mata a un jabalí.

Parador de Arties «Don Gaspar de Portolá»

Carretera Baqueira Beret
25599 Arties LLEIDA

Conviene Saber

☎ 973 640 801
Fax: 973 641 001
arties@parador.es
Localización: montaña
Categoría: ****
Precio: habitación 13.500-17.500pta

Desayuno: 1.300 pta
Comida/Cena: 3.500 pta
Habitaciones: 47 dobles, 4 con salón
Instalaciones: restaurante, bar, salón, teléfono, calefacción, garaje, aparcamiento, salón de convenciones
Tarjetas de crédito: AE, DC, EC, MC, V

¿Cuál es y a qué responde el nombre del Parador de Arties?

Se denomina «Don Gaspar de Portolá», por estar instalado en la llamada «Casa Portolá», uno de los edificios de origen medieval de mayor abolengo de Arties en el Valle de Arán, cuna de don Gaspar de Portolá.

¿Quién fue este personaje que le da nombre al Parador?

Fue ilustre capitán de Dragones en el siglo XVIII, exploró la Alta California, y fue fundador de la Misión de San Diego y primer Gobernador de la ciudad de San Francisco. La expedición fue organizada por el Gobierno español en 1769, integrada por militares y religiosos, encabezada por don Gaspar con varios oficiales y setenta soldados a su mando.
El franciscano mallorquín Junípero Serra, que llevaba 20 años en México, iba al frente del grupo de religiosos.

¿Qué resta de la noble Casa Portolá?

Su torre fortificada del siglo XVI, la capilla contigua a ella, en el dintel de cuya puerta está inscrita la fecha de su construcción, que fue en 1678.

• A Pie

Ubicada la población en la confluencia de los ríos Garona y Valarties, los paseos por los alrededores del pueblo constituyen atractivos turísticos de extraordinario valor.

• Entre los monumentos destacan la iglesia parroquial de Nuestra Señora de Arties, de los siglos XII-XIII, con la tabla románica de Nuestra Señora del Remei. Su portada tiene ménsulas con arquivoltas en la que están labradas ajedrezados y rostros humanos. La torre es recia y de planta cuadrangular. Conserva interesante retablo gótico del siglo XIV. Su interior se divide en tres naves con bóveda de cañón.

• La iglesia de San Juan es de origen románico, del siglo XIII, y en parte de ella se halla una sección del Museo Etnológico de Arán.

• El castillo, posiblemente templario, conserva todavía su Torre del Homenaje. Además de la Casa Portolá, hay que admirar la «Casa Paulet», gótica. Hay fuentes y baños romanos de aguas sulfurosas.

• En Coche

Desde el Parador de Arties es posible efectuar excursiones múltiples y plurales sobre todo a la Naturaleza, con opciones para el ejercicio de diversos deportes relacionados con la montaña y el esquí, la pesca y la caza, con el recuento de piezas tan interesantes con el rebeco o «isard», gamos, venados, jabalís, urogallos.

• La estación invernal de Vaquèira-Beret es de las mejor dotadas, en cuanto a pistas se refiere, de toda España, con inmejorables instalaciones.

• Junto con la estación de Toca deth Malh Blanc, en ella la nieve perdura más tiempo que en las del resto del Estado español y su fama es merecidamente internacional.

• El pico del Montarto es meta, y reclamo para montañeros y alpinistas.

• Salardú es uno de los pueblos más altos de Cataluña, conserva restos de un castillo con vigía.

«Casa Portolá», sede del Parador.

Oferta gastronómica
Patés caseros, potajes, sopas, estofados, trucha pirenaica, conejo al hojaldre con múrgulas, platos de cordero y de buey, cocido aranés, escalivada, cordero asado con tomillo fresco y limón, tortilla de bolets, tarta de manzanas, ciruela barreixa aranesa y un licor casero llamado «cassis anissat» elaborado a base de frutas del bosque y pasas.

• La iglesia de San Andrés, una de las más hermosas del valle, guarda el famoso Cristo del siglo XII, del que se cuentan fantásticas leyendas, como la de haber llegado al pueblo remontando las aguas del Garona.

• Del Valle de Arán dijo Josep Plá que «en él no hay nada que moleste la mirada, ni el pensamiento, ni el alma».

• Las construcciones del valle, aun las más modernas, son de madera y de piedra, y las casas tienen «mansardas», salientes de los tejados que acaban en una ventana, típicas de la arquitectura francesa.

• El valle tiene lengua propia, que en la actualidad reivindica para que se reconozca su uso.

PARADOR DE ÁVILA «RAIMUNDO DE BORGOÑA»

Marqués Canales de Chozas, 2
05001 ÁVILA

Conviene Saber

☎ 920 211 340
Fax: 920 226 166
avila@parador.es
Localización: palacio, centro ciudad
Categoría: ***
Precio: habitación 13.500-17.500 pta

Desayuno: 1.300 pta
Comida/Cena: 3.700 pta
Habitaciones: 57 dobles, 4 con salón
Instalaciones: ascensor, restaurante, jardín, salón de convenciones, calefacción, teléfono
Tarjetas de crédito: AE, DC, EC, MC, V

¿Cuál es y a qué responde el nombre de Parador de Ávila?

Es denominado «Don Raimundo de Borgoña». De esta manera se evoca al recuerdo del prócer que reconquistó, repobló y reedificó la ciudad de Ávila, dotándola de tan monumentales murallas entre los años 1088 y 1099. El conde don Raimundo o Ramón de Borgoña fue yerno del rey Alfonso VI.

¿Cuál es la historia del edificio en que se ubica el Parador?

La casa edificada sobre el solar del regidor Juan de Henao fue construida a fines del siglo XV. La presente configuración es obra del Marqués de Benavites o Benavides, insigne investigador de cuanto se relaciona con Ávila. El palacio es también conocido como de Piedras Albas.

¿En qué parte de Ávila se ubica este Parador?

En la zona norte de la muralla, en la antigua calle de los Caños. Su fachada forma parte de la plaza a la que da acceso la Puerta del Carmen, una de las nueve puertas de la ciudad. Desde los jardines del Parador, una escalera de piedra permite la subida al adarve de las murallas y hasta las almenas del Arco del Carmen.

• A Pie

En Ávila, Ciudad Patrimonio de la Humanidad, hay mucho que ver y admirar. Las murallas, la catedral, templo fortaleza, la basílica de San Vicente, la iglesia de San Pedro, la de San Andrés, la ermita de San Segundo, el convento de Santo Tomás, el Palacio de los Polentinos, de los Águila, de los Dávila, de los Velada, la Casa de los Verdugo, el Palacio de Valderrábanos, Bracamonte, la Mansión de los Superunda, la Mansión de los Deanes, el Torreón de los Guzmanes. Las murallas son las más antiguas y mejor conservadas de España. Tantos escudos en tantas casas nobles hacen denominar la ciudad como «Ávila de los Caballeros». Es denominada también como «Ciudad de santos y cantos» y «Ciudad Mística». Es la ciudad más elevada de España y tiene como fondo los picos nevados de la Sierra de Gredos. En la Ruta Teresiana por Ávila hay que visitar la iglesia de San Juan en la que se bautizó la santa, la iglesia de la Santa ocupa el lugar de su casa natal; el convento de San José, su primera fundación, el monasterio de la Encarnación, en el que ingresó como novicia; el convento de Nuestra Señora de Gracia en el que se educó y los Cuatro Postes en el que fue encontrada por su tío cuando pretendió irse a tierra de moros con su hermano…

• En Coche

El Paseo del Rastro se ha considerado siempre como un excelente mirador del Valle de Amblés y en él hay que visitar los pueblos de El Fresno, La Serrada, Muñana, Muñogalindo, Muñopepe,… En Solosancho se hallan las ruinas del Castro de Ulaca, de la edad del hierro, así como el castillo medieval de Villaviciosa. Sotalvo posee otro castillo del siglo XI, rodeado de leyendas, y que ostenta el bello y significativo nombre de «Mal-que-os-pese», con referencias a una leyenda de amores imposibles entre un moro y una cristiana. En el término de Cardeñosa se encuentra el castro de Las Gogotas que fue destruido en el siglo IV o III a. C.

Parador de Ávila.

Oferta gastronómica
Chuletón de ternera del Valle de Amblés, patatas revolconas, quesos artesanales, embutidos, tostón o lechón de pocos días de la zona de La Moraña, judías del Barco de Avila, truchas del Tormes, setas de cardo, oreja adobada, chuletón de carne roja, ternera asada, yemas de Santa Teresa, bocaditos de San Honorato, tortas y rosquillas, melocotones de Navaluenga, vinos de Cebreros y El Tiemblo.

• El santuario de la Virgen de Sonsoles es cita obligada para los devotos de Ávila. Su romería se celebra el primer domingo de julio.
• Gredos es la y principal oferta de naturaleza que proporciona el Parador de Ávila. Fue cantado por don Miguel de Unamuno como «techo de Castilla y corazón pétreo de España».
• Son frecuentes en Ávila y su provincia los monumentos pétreos de toros, jabalís o verracos. Son figuras anteriores a la dominación romana y pueden ser monumentos funerarios, hitos para señalar rutas de ganados, con misión protectora para un pueblo con riqueza ganadera.

PARADOR DE AYAMONTE «COSTA DE LA LUZ»

El Castillito
21400 Ayamonte HUELVA

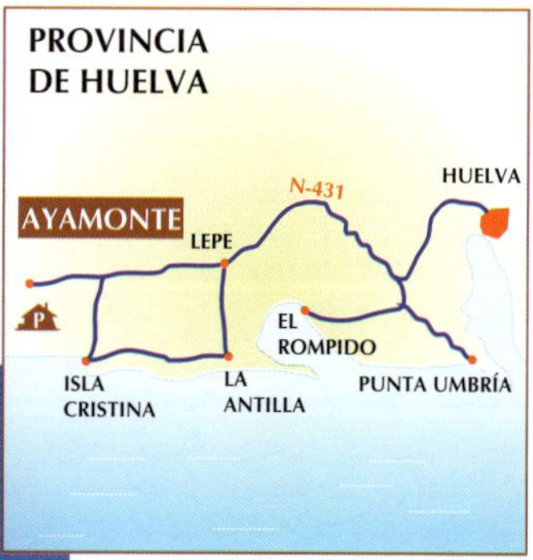

Conviene Saber

☎ 959 320 700
Fax: 959 320 700
ayamonte@parador.es
Localización: litoral costero
Categoría: ****
Precio: habitación 11.500-15.000 pta
Desayuno: 1.200 pta
Comida/Cena: 3.200 pta
Habitaciones: 50 dobles, 1 individual, 3 con salón
Instalaciones: restaurante, bar, salón de convenciones, calefacción central, piscina, jardín, aire acondicionado
Tarjetas de crédito: AE, DC, EC, MC, V

¿Cuál es y a qué responde el nombre del Parador de Ayamonte?

Se denomina «Costa de la Luz» y puede responder al afán por catalogar las costas españolas con nombres que tuvieran especial atractivo y resonancia turística, a la vez que una correlación con las características climáticas y ambientales. La «Costa de la Luz» puede asimismo hacer referencia a la luz que el Descubrimiento que por aquí se gestó, significó para tantos pueblos y naciones.

¿En qué lugar está instalado el Parador?

Su asiento es un lugar que domina la ciudad y desde él se contemplan las preciosas vistas del estuario y último tramo del río Guadiana, las ciudades y villas próximas de Portugal, con el recuerdo imborrable que dejan las impresionantes puestas del sol.

¿Qué manifestación artística es de gran interés en Ayamonte?

Es importante y representativa la llamada «escuela ayamontina de pintura», integrada dentro de la plástica contemporánea española.

• A Pie

Ayamonte, puerto fronterizo y puerto marinero, vive de la pesca e industrias derivadas. Entre sus monumentos destacan los templos de San Francisco del siglo XVI, de Nuestra Señora de Las Angustias, del siglo XV, con artesonado mudéjar, el Salvador, San Sebastián, San Antonio, Santa Clara... Subsisten las ruinas de un castillo árabe. Muy cerca de la población se halla la magnífica playa de Isla Canela.

• En Coche

Una excursión obligada desde Ayamonte es a la vecina Portugal, con las facilidades que ofrece el nuevo puente sobre el Guadiana recién inaugurado. Entre tantas estaciones veraniegas sobresalen junto a Ayamonte, además de Isla Canela, Isla Cristina, La Antilla y El Rompido. El puerto de Isla Cristina es el más importante de la Costa de la Luz. El crecimiento turístico de Punta Umbría se debió al hecho siguiente: los ingleses empleados en las minas de Riotinto escogieron desde antiguo este lugar para su veraneo y los españoles comenzaron a frecuentar sus playas ya desde el año 1920. En sus alrededores se encuentran los Bajos de la Canaleta, la ría e isla de Saltes y las lagunas y playas del Portil. Aparte del buen humor y gracia internacionalmente reconocida de los habitantes de Lepe, esta población sobresale por la iglesia gótico-mudéjar de Santo Domingo de Guzmán, en la que se venera la Virgen popularmente conocida como «La Bella». Lepe es también famosa por sus exquisitos fresones y fresas. Huelva, «la Ciudad de la Luz», justifica una visita y, entre sus monumentos destacan la catedral, antiguo convento de la Merced, la iglesia de San Pedro con reminiscencias mudéjares, la iglesia de la Concepción, la de San Francisco, el santuario de Nuestra Señora de la Cinta, visitado por Colón, el típico barrio del Conquero, así como tantos recuerdos colombinos en lugares y fiestas. Es muy curioso su muelle de hierro móvil del puerto. En la punta del Sebo, junto a la desembocadura del río Odiel, está erigido un colosal monumento a Colón, regalo de la escultora americana Gertrude V. Whitney en 1929.

• En plena Sierra de Huelva se encuentra el pueblo de Jabugo, que ha adquirido fama internacional gracias a sus exquisitos jamones de pata negra y a otros productos porcinos.

• Si se alarga la excursión, hay que visitar Aracena, preciosa y blanca ciudad, en la que destacan su castillo templario, la iglesia del Mayor Dolor con la estatua del prior Pedro Vázquez, las iglesias de los Dolores, de Santa María, el convento de Santa Catalina y la increíble Gruta de las Maravillas. Alájar, con la Peña de Arias Montano, se encuentra muy cerca de Aracena.

Aspecto del Parador de Ayamonte.

Oferta gastronómica

Raya al pimentón, calamar relleno, pargo encebollado, potaje de garbanzos y bacalao, rape marinera, mariscos frescos de la costa, atún al horno, tocino de cielo, tartas y vino del Condado.

Parador de Baiona «Conde de Gondomar»

Ctra. Baiona, km 1,6
36300 Baiona PONTEVEDRA

Conviene Saber

☎ 986 355 000
Fax: 986 355 076
baiona@parador.es
Localización: palacio en la playa
Categoría: ****
Precio: habitación 15.000-20.000 pta
Desayuno: 1.400 pta
Comida/Cena: 3.800 pta
Habitaciones: 105 dobles, 12 individuales, 5 con salón
Instalaciones: aire acondicionado, calefacción, restaurante, bar, garaje, jardín, teléfono, salón de convenciones, piscina, tenis, sauna/gimnasio
Tarjetas de crédito: AE, DC, EC, MC, V

¿Cuál es y a qué responde el nombre del Parador de Baiona?

Se denomina «Conde de Gondomar» y es uno de los Paradores más impresionantes de toda la red de España por su ubicación, instalación y paisaje marinero. Se denomina así por haber habitado en él el Conde de Gondomar, Gobernador Perpetuo de Monterreal, militar y diplomático ilustre en la Corte de Jacobo I de Inglaterra en los años 1613-1623.

¿Cuál es la historia del castillo de Monterreal en el que se asienta el Parador?

Monte Real o Monterreal fue lugar amurallado antes de la dominación romana. Se hizo fuerte en su plaza el indómito caudillo celtibérico, Viriato, que derrotó a las tropas romanas. Fue reconquistado por Alfonso I el año 750 y dos siglos más tarde fue destruido por Almanzor. En 1474 fue conquistado en nombre del rey de Portugal por el legendario noble feudal don Pedro de Sotomayor, conocido también como «Pedro Madruga». Los Reyes Católicos sitiaron la villa en 1496.

¿Qué relación tuvo Baiona con el descubrimiento de América?

Es el primer lugar español en el que se tuvo noticia de tal gesta, dado que a sus playas arribó en el mes de mayo de 1493 la carabela «La Pinta» de regreso de América y que había sido desviada hasta allá por una tempestad. Una estela de granito así lo recuerda. En Baiona se halla enterrado el primer indio traído de América.

• A Pie

Hay que ver y admirar el Pozo de la Aguada, la estatua de Martín Alonso Pinzón, monumento al Encuentro de Dos Mundos, Puerta Nueva, de Felipe IV, del Sol, Torre del Reloj, entrada regia almenada, Torre de la Tenaza, Torre del Príncipe, ermita de Nuestra Señora del Carmen de los Mares, Convento de las Dominicas con su altar plateresco, Casa de Lorenzo Correa, del siglo XVIII, Plaza de Pedro Castro con el Ayuntamiento y la Casa del Deán, réplica de la Pinta, Capilla de la Misericordia y Capilla de San Juan. La Colegiata de Santa María es del siglo XV, con original bestiario en su fachada. El Santuario de Santa Liberata, nacida en Baiona en el siglo II, es del siglo XVII. Otros argumentos turísticos son la Fuente y Casa de la Ceta, ermitas de Santa Marta y Santa Cristina. El crucero de la Santísima Trinidad, del siglo XIV y en la plaza de su nombre, es una cruz gótica de cuatro metros y medio, situada en lo que fue calzada romana. Es uno de los cruceros más hermosos y artísticos de toda Galicia y uno de los dos de la región, junto con el del cementerio de Morda, con dosel o baldaquino.

• En Coche

Entre tantos lugares a los que dirigir la atención turística, resalta la imagen de la Virgen de Rocha o de la Roca, monumental estatua de piedra que es utilizada también como faro. Sus manos y cara fueron esculpidas por Mariano Benlliure. Tiene quince metros y una escalera de caracol que por su interior permite el acceso al barco que sostiene la Virgen. Se erigió en 1910. Una tentación viajera se halla en las Illes Cíes, a las que se puede llegar en barco desde la bahía de Baiona. Se trata de una reserva natural marítima de gran interés y el archipiélago está formado por tres islas, abruptas y graníticas y con acantilados. Las Illa de Monteagudo ou do Norte y la de San Martiño ou do Sur son focos de atracción turística. En esta última hubo un monasterio benedictino y una factoría ballenera.

• La leyenda principal del Castillo-Parador de Baiona refiere que en su Torre del Príncipe, del siglo X, habita un príncipe austríaco con máscara de hierro que fuera sepultado en sus mazmorras de por vida. Las leyendas de este parador son un estimulante atractivo para muchos turistas. Se ha dicho que no resultaría difícil encontrarse en él con el espectro del mismísimo Hamlet.

• De don Pedro de Sotomayor o «Pedro Madruga», se canta todavía: «Viva la palma, viva la palma, viva la flor, viva don Pedro, don Pedro Madruga de Sotomayor».

• El nombre de «Baiona» tiene sufijo céltico, como su anterior nombre de «Erizona».

Parador de Baiona.

Oferta gastronómica
Zamburiñas al horno, buey de mar cocido, vieiras a la gallega, bogavante con arroz, pescados y mariscos de la ría, pulpo, chipirones, bacalao, ternera de Moaña, cabrito «Pedro Madruga», tarta de almendras, cañas rellenas, filloas con crema, ribeiros y albariños.

PARADOR DE BENAVENTE «REY FERNANDO II»

Paseo Ramón y Cajal, s/n
49600 Benavente ZAMORA

Conviene Saber

☎ 980 630 304
Fax: 980 630 303
benavente@parador.es
Localización: castillo en la ciudad
Categoría: ****
Precio: habitación 15.000-16.500 pta

Desayuno: 1.300 pta
Comida/Cena: 3.500 pta
Habitaciones: 30 dobles
Instalaciones: aire acondicionado en comedor y habitaciones, calefacción, restaurante, bar, garaje, jardín, teléfono, salón de convenciones
Tarjetas de crédito: AE, DC, EC, MC, V

¿Cuál es y a qué responde el nombre del Parador de Benavente?

El Parador se denomina «Fernando II de León», por haber sido este monarca el fundador de la población, a la que le concedió sus Fueros en 1164. Fue muy grande la importancia histórica de este castillo, porque junto a él discurría la célebre Ruta de la Plata, así como la Ruta Jacobea o Camino Mozárabe de Santiago.

¿Cuál es la historia del edificio en que está situado el Parador?

En el antes llamado Castillo de la Mota celebró cortes Alfonso IX en 1202, pasando después al Señorío de los Pimentel. En la actualidad conserva parte de sus impresionantes murallas y sólo una torre del gran castillo de don Juan Alonso de Pimentel, conde de Benavente en el siglo XVI, con la llamada Torre del Caracol, bello edificio gótico renacentista, con valioso artesanado, en la que exactamente se ubica el Parador. En 1808, y a consecuencia de la batalla mantenida por franceses e ingleses en la Guerra de la Independencia, quedó devastado.

¿A qué antigua población correspondía Benavente?

Se correspondía con la antigua «Malgrad» y su nombre actual de Benavente puede provenir de «Buenos Vientos» o de «Buena Venta».

Benavente. Hospital de la Piedad.

Benavente. San Juan del Mercado.

Oferta gastronómica
Bacalao a la tranca, bacalao a lo tío, truchas del Tera, ternera de Sanabria, sopa de trucha del Órbigo, tostón a la zamorana, asados castellanos, quesos, embutidos, tarta del Císter, los «feos», tarta capuchina, rebojo zamorano,... El vino clarete es el típico de la tierra.

• A Pie

La iglesia de Santa María del Azogue es el principal monumento artístico de la ciudad, atribuida su construcción a Fernando II en 1180. Tiene cinco bellos ábsides semicirculares, con clara influencia cisterciense. Sus tres puertas son otras tantas maravillosas obras de arte. Destaca en su interior una imagen románica de la Virgen con el Niño y el conjunto de la Anunciación en piedra policromada. La iglesia de San Juan del Mercado, que presenta su estilo románico aún más puro que la de Santa María, tiene también tres portadas bellísimas y la del Sur es semejante al Pórtico de la Gloria de Santiago. El tema central del tímpano es la Adoración de los Reyes. Son excepcionales las seis estatuas adosadas a sus columnas. Perteneció a la Orden de los Caballeros Templarios y en ella se construyó la primera bóveda gótica en España. Hay que ver además el Hospital de la Piedad, iglesia de San Andrés, ermita de la Piedad, convento de Santa Clara, Ayuntamiento...

• En Coche

Merecen una visita las impresionantes ruinas del Monasterio de Moreruela, antes «Moreriola», primera abadía cisterciense de España y que fuera destruida por Almanzor. Destaca la majestuosa cabecera escalonada en tres niveles, con siete absidiolos en el inferior. Este lugar constituye además un privilegiado mirador del embalse de Ricobayo, que represa las aguas del Esla. Cerca del pueblo de Fontanillas de Castro se levantan también los restos de una de las ciudades más importantes de Zamora —Castrotorafe— o antigua Zamora, que suele identificarse con el «Vicus Acuarius» de los romanos, una de las «mansio» de la Ruta de la Plata. Su origen fue un castro de la edad de hierro. Tábara se encuentra muy cerca, con iglesia románica del siglo XII, y restos de abadía y de un castro prerromano.

• El nombre de «Azogue» —Santa María del Azogue— deriva del vocablo árabe que significa «mercado» y es que la tradición ferial de Benavente es constante en su historia.

• La fiesta principal de Benavente —«la flor de los condados» y «buena villa y mejor gente»— es la del Corpus, con el toro como protagonista, denominada «Toro Enmaromado» y de gran tradición popular.

Parador de Benicarló «Costa del Azahar»

Avda. de Papa Luna, 5
12580 Benicarló CASTELLÓN

Conviene Saber

☎ 964 470 100
Fax: 964 470 934
benicarlo@parador.es
Localización: playa
Categoría: ***
Precio: habitación 13.500-15.000 pta
Desayuno: 1.300 pta
Comida/Cena: 3.500 pta
Habitaciones: 93 dobles, 15 individuales
Instalaciones: aire acondicionado, garaje, restaurante, bar, jardín, calefacción, piscina, teléfono, playa, tenis, acceso discapacitados
Tarjetas de crédito: AE, DC, EC, MC, V

¿Cuál es y a qué responde el nombre del Parador de Benicarló?

Se denomina «Costa de Azahar», por estar enclavado en uno de los lugares más privilegiados de la costa de la Comunidad Valenciana, a la que se la conoce con este preciadísimo nombre de tanta dimensión turística dentro y fuera de España.

¿Qué monarca otorgó «la Carta de Población» a Benicarló?

Fue el rey Jaime I quien le otorgó su Carta en 1236, aunque con el nombre de «Benicastló». El rey Pedro II de Aragón le concedió privilegios en 1370 y en 1523 recibió el título de Villa en tiempos de Carlos V. El rey Alfonso XIII le concedió el título de ciudad en 1926.

¿Cuándo apareció por vez primera el nombre de Benicarló?

El nombre de esta ciudad, situada en el Bajo Maestrazgo castellonense, aparece por primera vez en documentos con referencias a una alquería árabe, que sería conquistada por Jaime I.

• A PIE

En Benicarló hay que visitar y pasear una y otra vez por sus playas. En la ciudad hay que admirar algunos monumentos como la iglesia parroquial de San Bartolomé, con monumental portada barroca de dos cuerpos, flanqueada por columnas salomónicas exentas y un campanario octogonal de grandes piedras labradas. Torre y portal barroco son del siglo XVIII. Es digna de admiración su gran cúpula y las capillas con contrafuertes, así como la decoración barroca de todo el conjunto. Posee la iglesia una buena colección de obras de orfebrería. El convento de San Francisco conserva su estructura del siglo XVI, aunque todo él es del siglo XVIII. Gran devoción le tiene la ciudad a su Cristo del Mar, que se encuentra en su ermita. En la ermita de San Gregorio se celebra todos los años una piadosa y muy concurrida romería. Parece ser que la imagen es del siglo XVI.

• EN COCHE

Peñíscola tiene muchas razones para acaparar la atención del residente en el Parador de Benicarló. Se trata de una pequeña península rocosa —a la que le debe su nombre— rodeada de murallas, y cuya severa fortaleza fue el último refugio de Benedicto XIII, el Papa Luna. Aquí murió nonagenario sin renunciar al Papado, pese a que el rey francés y San Vicente Ferrer le retiraron su apoyo y pese a haber sido condenado como hereje por los concilios de Pisa y Constanza. El castillo es de construcción templaria, de finales del siglo XIII, reformado por el Papa Luna, que, amante de la cultura, fue quien redactó los estatutos de la Universidad de Salamanca y fundó centros universitarios en Escocia. En toda la ciudad marinera está prohibida la circulación de vehículos. Conserva restos de su ornamentación señorial, la ermita de la Virgen de la Ermitana, templo parroquial del siglo XIV y restos de murallas del tiempo de Felipe II. El recinto amurallado es una verdadera muestra de la urbanística arábigo-medieval. La «Cueva Marina» de Peñíscola, conocida también como «El Bufador», es una brecha rocosa que se comunica con el mar y que levanta columnas de agua y espuma por una chimenea, sobre todo en los días de temporal. Oropesa del Mar, con su torre-castillo del siglo XV y su Museo del Mar, reclama también una visita. Merece alargar el viaje y dirigirse hacia Morella, cuyo castillo roquero albergó al Cid Campeador. Destacan la Colegiata de Santa María, con su Pórtico de la Gloria, el convento de San Francisco, calle porticada, casas señoriales, sus seis puertas, la iglesia de San Nicolás, el acueducto y los recuerdos de San Vicente Ferrer.

• Benicarló conserva el entrañable recuerdo literario de ser el lugar en el que situó don Manuel Azaña el diálogo agónico que se titula *Velada de Benicarló.*

• Benicarló pertenece al célebre «Triángulo del Langostino». Se asegura que los langostinos capturados entre Vinaroz, Peñíscola y Benicarló son únicos en su especie.

Oferta gastronómica

Langostinos a la plancha o hervidos, salmonetes a la plancha y a la marinera, rape, boga, sardina, dorada al horno, «suquet de paix», calamares, sepia, «arroz a la banda», cabrito al horno, conejo al maestrat, «olla» compuesta por verduras, aceites, ajos, patatas, cebollas y carnes, fideuá, cazuela de mariscos, rodaballo. Las especialidades de la repostería pasan por los «pastisets de cabello de ángel» y de boniato, «rollets d'anis», «cocas de Sant Antoni», «carquiñols».

PARADOR DE BIELSA «MONTE PERDIDO»

Valle de Pineta
22350 Bielsa HUESCA

Conviene Saber

☎ 974 501 011
Fax: 974 501 188
bielsa@parador.es
Localización: montaña
Categoría: ***
Precio: habitación 12.500-16.500 pta

Desayuno: 1.300 pta
Comida/Cena: 3.500 pta
Habitaciones: 24 dobles
Instalaciones: calefacción, bar, ascensor, garaje, jardín, parque infantil, restaurante, teléfono
Tarjetas de crédito: AE, DC, EC, MC, V

¿Cuál es y a qué responde el nombre del Parador de Bielsa?
Se denomina «Monte Perdido» por estar situado en el macizo montañoso formado por el Monte Perdido con sus 3.351 metros de altura, y los Tres Sorores, en pleno Pirineo oscense, haciendo estas montañas frontera con Francia, que se puede franquear por el túnel de Bielsa-Aragnouet a 27 kilómetros del Parador.

¿En qué lugar se encuentra el pueblo de Bielsa?
Se halla en la confluencia de los ríos Barrosa y Cinca, y conserva excelentes muestras de la arquitectura característica de montaña.

¿A qué antiguo condado pertenecieron estas tierras?
Estas tierras, que integraron la Marca Hispánica del emperador Carlomagno y que apenas si estuvieron bajo la dominación musulmana, pertenecieron al Condado de Sobrarbe-Ribagorza, que disfrutó de independencia política hasta finales del siglo X, momento en que pasó al reino de Aragón.

• *A pie*

Bielsa, capital de la subcomarca del Alto Cinca, conserva un casco urbano bien cuidado y conservado. Merece ser tenido en cuenta el edificio de su Ayuntamiento, de estilo renacentista del siglo XVI con su singular fachada. Alberga el Museo Etnológico del Valle de Bielsa, que permite conocer la cultura de la zona. En su origen, la iglesia parroquial de Bielsa es gótica y de proporciones muy considerables, aunque se trata de una iglesia rural; destaca la torre-vigía. Si coincide la estancia en el Parador con los Carnavales, hay que tener en cuenta que en Bielsa se celebran unos de los más importantes de todo Aragón. Es de destacar asimismo la originalidad del famoso baile del «Chinchecle».

• *En coche*

Más que para ver en coche, para trasladarse en coche a las cercanías de algunos de los lugares próximos al Parador y admirar y disfrutar de la excepcional oferta natural de sus valles, concentrada de modo especial en el Parque Nacional de Ordesa y Monte Perdido. En él se dan cita alrededor de 1.500 especies de vegetales, y entre ellos sobresalen la cañuela —planta endémica de los Pirineos—, el trébol alpino, la genciana, el brezo, la orquídea, la antenaria, el astrágalo, el edelweis —«Leontopodium alpinum», —flor de las nieves—, la valeriana pirenaica y la rosa alpina. En el parque tienen su «hábitat» varias especies protegidas de animales, como la mariposa de Graells —tal vez la más bella de Europa—, la morena española, el tritón pirenaico, el lagarto verde, la perdiz nival, el urogallo, el rebeco, el bucardo, el armiño, el desmán de los Pirineos, el quebrantahuesos, el buitre leonado, el águila real… Todos los deportes relacionados con la montaña y con la nieve son posibles en torno al Parador. Es posible asimismo hallar fósiles de gran interés en sus alrededores. La pesca y la caza son deportes fácilmente practicables. Itinerarios y excursiones siguen este trazado: collado de Añisclo, Parador Lago de Marmoré —Balcón de Pineta—, Parador Faja Formosa —Cascada del Cinca—, Parador Pradera de Ordesa —Circo de Soaso—, refugio de Goriz, Turla —camino de Turieto Bajo, pradera de Ordesa, desde el Puente de los Navarros de Torla y a través del Valle de Burjaruelo—, Casa de Recepción Tozal de Mallo —circo de Carriata—.

• Sorprendentemente ha desaparecido el dialecto «belsetano», peculiaridad local del Alto Aragón.

• La ermita de Nuestra Señora de la Pineta, junto al Parador, ofrece el más puro románico aragonés, aunque se reconstruyó en el siglo XVII.

• El Parador se ubica en el llamado «Paraíso de los Pirineos», que se extiende entre los municipios de Torla, Broto, Tella y Bielsa.

Vista de Bielsa.

Oferta gastronómica
Pollo y cordero al chilindrón, migas a la aragonesa, truchas a la pirenaica, boliches de Embu, goguera de conejo, ternasco, guiso de cordero a la pastora, «espárrago del Pirineo», carne de rebeco, «teresitas de Aragón», «flor de nieve».

PARADOR DE CÁCERES

Ancha, 6
10003 CÁCERES

Conviene Saber

☎ 927 211 759
Fax: 927 211 729
caceres@parador.es
Localización: palacio en el recinto monumental
Categoría: ****
Precio: habitación 15.00-18.500 pta

Desayuno: 1.300 pta
Comida/Cena: 3.700 pta
Habitaciones: 29 dobles, 1 indiv., 1 con salón
Instalaciones: aire acondicionado, antena parabólica, música ambiental, minibar, teléfono, restaurante, salón de convenciones, calefacción
Tarjetas de crédito: AE, DC, EC, MC, V

¿En qué palacio de Cáceres se ubica el Parador de Turismo?

Está instalado en el antiguo Palacio de Torreorgaz, que fue construido por el Comendador de Alcuescar don Diego García de Ulloa, de la Orden de Santiago, antes del año 1488.

¿Qué características arquitectónicas tiene este edificio?

Su base es de mampostería y de sillería, todo el cuerpo que se alza sobre los tejados del resto de la casa. Algunos de sus vanos góticos fueron transformados en el siglo XVIII, se rodean de escudo y se enmarcan con alfices. Se remata la torre con una balaustrada con bolas herrerianas.

¿En qué lugar se concentran los antecedentes prehistóricos de Cáceres?

La ciudad tiene claros antecedentes prehistóricos y su gruta de Maltravieso, con sus 30.000 años de antigüedad, y sus pinturas así lo delatan. Cáceres, Ciudad Patrimonio de la Humanidad y capital bimilenaria de la Alta Extremadura, se identifica con la colonia romana «Norba Caesarina» del cónsul Cornelio Balbo, del año 25 a. C.

• A Pie

Torre de Postigo, puerta romana del Arco de Cristo, puerta de Santa Ana, torres Redonda y Desmochada, Arco de la Estrella, torre árabe del Bujaco, torre de los Púlpitos, ermita de la Paz, palacio del Mayorazgo, Palacio Episcopal, Palacio Toledo-Moctezuma, Torre de los Espaderos, Casa y Torre de los Carvajal, Casa de los Ovando, iglesia concatedral de Santa María, Palacio de los Golfín-Roco, Casa de los Golfines de Abajo, Casa de los Becerra, iglesia de San Francisco Javier, Casa de los Veleta o los Aljibes, con el Museo Provincial, Casa de los Cáceres-Ovando o Palacio y Torre de las Cigüeñas, Convento de San Pablo, Casa de los Perero, iglesia de San Mateo, Casa de los Solís o del Sol, Mansión de los Sande o Casa del Águila, Golfines de Arriba, Casa Mudéjar, Casa de Espadero-Pizarro o Casa del Mono, Palacio de la Generala, Torre Ochavada, Foro de los Balbo, Palacio de la Isla, iglesia de Santiago, Plaza Mayor, Convento de San Francisco, Virgen de la Montaña.

• En Coche

Malpartida de Cáceres, con los «Barruecos», Lavadero de Lana y su curioso Museo de Arte Contemporáneo, en buena parte al aire libre, denominado Museo Vostell. La iglesia de la Asunción es del siglo XVI. Arroyo de la Luz guarda en su iglesia gótica de la Asunción el fabuloso retablo plateresco, realizado en 1560 con 16 tablas y cuatro medallones del pintor extremeño Luis de Morales. Hay que admirar además el Palacio de los Duques de Benavente, el Rollo, varias ermitas y las dos «charcas de Petit». Brozas fue la patria del célebre humanista Francisco Sánchez «El Brocense», así como del primer gobernador de la Española, fray Diego de Ovando. Hay que admirar su Fortaleza, la Casa de las Flores, Casa de los Tejada, Palacio de los Bravos, Palacio de los Argüelles, y de los Arces y Monasterio de Comendadores Carmelitas. Su iglesia de Santa María la Mayor es una de las más importantes de Extremadura por su rica construcción, en la que se mezclan los estilos gótico y renacentista. Junto a la ermita del mismo nombre se encuentra el balneario de San Gregorio, muy indicado para las enfermedades asténicas, nerviosas y epidérmicas. En Villa del Rey sobresale su «Baile del Cordón». En Alcántara, su puente es seguramente la obra romana en su género más perfecta de Europa, y se construyó «destinado a durar por los siglos del mundo» en tiempos de Trajano, en 105, por el arquitecto Caio Julio Lacer, en sillería de granito almohadillado, con templo toscano dedicado al «Divino Cesar». Tiene seis arcos, con 71 metros de altura. Hay que admirar además el Conventual de San Benito, con su famoso claustro gótico. La iglesia de Nuestra Señora de Almocóvar, con pinturas de Morales, el palacio del Barco, Casa de los Sarrantes, Sinagoga de la Soledad, Arco de la Concepción, iglesia natal de San Pedro de Alcántara…

Oferta gastronómica
La gastronomía cacereña destaca, entre otras cosas, por sus exquisitos quesos artesanos de oveja, cabra y vaca, con mención especial de la Torta del Casar y de los típicos dulces caseros del Convento de San Pablo.

• La mayoría de las torres fortificadas de Cáceres, que afirmaban el poderío de sus moradores, fueron desmochadas en 1477 por Real Orden de Isabel la Católica.

• La iglesia de Santiago de Cáceres se considera la cuna de la «Congregación» de los Fratres de Cáceres, que más tarde y bajo la protección del Apóstol, sería el origen de la Orden Militar de Santiago. El edificio alberga un retablo de Alonso de Berruguete.

Parador de Cádiz «Hotel Atlántico»

Duque de Nájera, 9
11002 CÁDIZ

Conviene Saber

☎ 956 226 905
Fax: 956 214 582
cadiz@parador.es
Localización: litoral costero
Categoría: ****
Precio: habitación 12.500-15.000 pta

Desayuno: 1.200 pta
Comida/Cena: 3.500 pta
Habitaciones: 141 dobles, 8 con salón
Instalaciones: aire acondicionado, ascensor, restaurante, bar, calefacción, piscina, teléfono, salón de convenciones, snack-bar, garaje, jardín
Tarjetas de crédito: AE, DC, EC, MC, V

¿Cómo se denomina y qué originalidad tiene el Parador de Turismo de Cádiz?

Se denomina «Hotel Atlántico de Cádiz» y tiene la originalidad de que es un parador de la red estatal con la denominación de «Hotel». Está situado al final del Parque Genovés, frente al mar, en uno de los más espléndidos parajes de Cádiz. Es de líneas modernas.

¿De dónde procede el nombre de Cádiz?

Cádiz, la antigua «Gadir», con más de tres mil años de historia, significa «recinto cerrado»; es la ciudad más meridional del continente y la más antigua de Europa Occidental.

¿Algunos datos históricos de la ciudad de Cádiz?

Fue fundada por los fenicios en el año 1100 a. C. La tradición o la leyenda asegura haber sido su fundador el mismísimo Hércules. En esta ciudad dejaron su impronta cultural todos los pueblos antiguos. Fue con frecuencia uno de los centros comerciales más importantes de Europa.

• A PIE
En Cádiz hay mucho que ver. La Viña es el antiguo barrio de los pescadores. Hay que ver los barrios del Mentidero, la plaza de San Juan de Dios, el barrio del Pópulo, la iglesia románica de Santa Cruz o Catedral Vieja, la Santa Cueva con tres lienzos de Goya, el Hospital de mujeres, con una pintura de El Greco, la iglesia del Carmen, con cuadros de Murillo, la de la Pastora, la Cárcel Real, las murallas, el Palacio de la Mora, la Casa del Almirante, la Torre de Tavira, la Casa de las Cadenas, los castillos de San Sebastián y Santa Catalina, el Gran Teatro de Manuel de Falla, la Puerta de Tierra, la Catedral con sus obras de arte y en cuya cripta se encuentran los restos mortales de Manuel de Falla, la Iglesia Oratorio de San Felipe Neri, presidida por una Inmaculada de Murillo y en donde se reunieron las Cortes que elaboraron la Constitución del día 19 de marzo de 1812 y que es conocida como «La Pepa», el Museo en su sección de Arqueología y de Bellas Artes...

• EN COCHE
Entre tantas posibilidades viajeras que ofrece el Parador de Cádiz como punto de referencia para la admiración y el disfrute turístico, hay que hacer mención especial a Jerez de la Frontera, sobre todo famosa por sus vinos, por sus toros y por sus caballos. Entre sus más importantes monumentos se encuentran el alcázar del siglo XI con la capilla de Santa María la Real, la Colegiata neoplateresca del siglo XVII con el Cristo de la Viña de Juan de Mesa, la iglesia gótico isabelina de San Miguel, la de San Dionisio gótico mudéjar, con su Torre de la Atalaya, la iglesia gótica de Santiago, de San Mateo, San Juan, San Lucas, San Marcos, conventos de Santo Domingo, la Merced, San Francisco, Espíritu Santo con bella portada de Andrés de Ribera. Entre sus palacios destacan el de Campo

Parador de Cádiz.

Oferta gastronómica
Mariscos de la bahía, frito gaditano, jamón y embutidos de la Sierra de Cádiz, cordero y cabrito al Jerez, tortillas de camarones, urta a la roteña, fideos con almejas, pez espada con babetas, flan chino, chocolate con salsa de mandarina, tarta de almendras, tocino de cielo y vinos de Jerez y de la zona.

Real, Riquelme, Ponce de León, Bertemati, Domecq... El más bello edificio renacentista de Jerez es el Cabildo Viejo, en el que está instalado el Museo Arqueológico Municipal, con interesantes piezas, y el Museo de Relojes. Destaca asimismo la Cartuja, con portada de Andrés de Ribera, donde se mantuvo y seleccionó el famoso caballo cartujano. Las bodegas merecen y reclaman la correspondiente visita. El Puerto de Santa María, Sanlúcar de Barrameda, Chipiona, San Fernando, Chiclana de la Frontera, Conil de la Frontera, Medina Sidonia, Puerto Real... proporcionan argumentos turísticos que justifican sobradamente su visita.
• En el Museo de Cádiz se expone una de las mejores colecciones de pintura española del Siglo de Oro, con cuadros de Morales, Murillo, Ribera, y sobre todo la colección de Zurbarán procedente de la Cartuja de Jerez.
• Los Carnavales son los días más apropiados para permanecer en Cádiz con los ojos abiertos a toda clase de bellas, artísticas y humorísticas sorpresas.

PARADOR DE CALAHORRA «M. F. QUINTILIANO»

Paseo Mercadal
26500 Calahorra LA RIOJA

Conviene Saber

☎ 941 130 358
Fax: 941 135 139
calahorra@parador.es
Localización: centro urbano
Categoría: ***
Precio: habitación doble 13.500-15.000 pta

Desayuno: 1.300 pta
Comida/Cena: 3.500 pta
Habitaciones: 57 dobles, 5 individuales
Instalaciones: aire acondicionado, calefacción, ascensor, bar, salón de convenciones, teléfono, garaje
Tarjetas de crédito: AE, DC, EC, MC, V

¿Cuál es y a qué responde el nombre del Parador de Calahorra?

Se denomina «Marco Fabio Quintiliano» en honor del retórico, abogado y maestro latino, nacido en Calahorra —«Calagurris Nassica»—, que en su obra *De institutione oratoria* expuso sus ideas pedagógicas en el plano de la elocuencia, atacó las corrientes literarias representadas por Séneca y ensalzó el estilo retórico de Cicerón. También en Calahorra nació el poeta latino Aurelio Prudencio Clemente.

¿Algunas notas históricas de Calahorra?

Es la segunda población de La Rioja y fue también ciudad importante en las épocas celta, cartaginesa y romana, resistiendo a las fuerzas de Pompeyo. Consta la existencia de su sede episcopal desde el siglo V.

¿Qué datos trágicos se tienen presentes a propósito de sus asedios por parte de Aníbal y Pompeyo?

La decisión de sus habitantes de defenderse hasta última hora llevó a todos a su total destrucción. El término «hambre calagurritana» hace referencia a las trágicas calamidades por ellos padecidas. A la «Matrona» está dedicado un monumento.

Exterior del Parador de Calahorra.

• A Pie

La Catedral del Salvador fue iniciada en el siglo XII donde, según la tradición, fueron martirizados los soldados romanos Emeterio y Celedonio. Su sacristía es una de las más bellas del mundo cristiano. Con razón a la Catedral se la conoce como «la Catedral de la Sacristía». En ella se conserva la custodia gótica llamada «El Ciprés», que se cree la más antigua de España; también cuadros de Ribera, Tiziano, Zurbarán y otros lienzos e imágenes. Hay restos de murallas ciclópeas y hay que admirar su rollo jurisdiccional, las iglesias de San Andrés, Santiago, San Francisco, Carmelitas Descalzas, convento del Carmen… Su Museo Provincial conserva importantes colecciones de la época romana y, entre ellas, una cabeza de mujer, a la que se le conoce como «Dama Calagurritana».

• En Coche

El Valle del Cidacos tiene argumentos turísticos para un atento recorrido por el mismo, con atractivos paisajísticos, históricos, artísticos… Y los relacionados con la llamada Ruta de los Dinosaurios que tiene su eje principal en el valle. En él hay registradas unas cinco mil huellas de dinosaurios, unas dos mil ya estudiadas, y cuya antigüedad rebasa los 120 millones de años. Los puntos de referencia más importantes son Conargo, Soto de Cameros, Munilla, Enciso, Gravalos, Igea… En Autol destaca su iglesia parroquial de San Adrián, con una virgen románica del siglo XIII, ermitas de la Virgen de las Nieves, Santa María de Yerga y la del Ángel. A pocos kilómetros se halla una de las pocas colonias de buitres que quedan en España. El Picuezo y la Picueza son dos impresionantes moles esculpidas por el río Cidacos. Arnedo merece visita, con su iglesia de San Cosme y San Damián, talla de la Virgen de Vico, iglesia de Santo Tomás, de Santa Eulalia, palacio del arzobispo Argáiz, la fiesta del «Robo de los Santos». En Préjamo destacan su iglesia parroquial de San Miguel, la de San Esteban y diversas ermitas. Arnedillo teine su balneario, la iglesia de San Servando y San Germán y varias ermitas.

- En la ciudad de Calahorra fue proclamado rey de Castilla en 1366 don Enrique de Trastámara.
- Las aguas minero-medicinales de Arnedillo se recomiendan para el reumatismo y el artritismo, y la oferta natural de su término es excepcional.

Oferta gastronómica
Calahorra, «tierra del buen yantar», posee productos gastronómicos de gran calidad. Entre sus platos destacan las pochas, lomo con pimiento, «tortilla a lo bestia», chuletada, cordero asado a la camerana, menestra de verduras, pimientos del piquillo, hojaldre, pudin de naranja, *crêpes* flameadas… Y el extraordinario vino de la tierra, además del sabroso «zurracapote».

PARADOR DE CAMBADOS «EL ALBARIÑO»

Paseo Calzada, s/n
36630 Cambados PONTEVEDRA

Conviene Saber

☎ 986 542 250
Fax: 986 542 068
cambados@parador.es
Localización: casa solariega en la costa
Categoría: ***
Precio: habitación doble 11.500-15.000 pta

Desayuno: 1.300 pta
Comida/Cena: 3.500 pta
Habitaciones: 51 dobles, 12 individuales
Instalaciones: bar, restaurante, jardín, calefacción salón de convenciones, ascensor, tenis, teléfono, piscina
Tarjetas de crédito: AE, DC, EC, MC, V

¿Cuál es y a qué responde el nombre del Parador de Cambados?

Su denominación es «De Albariño», que es un vino blanco, doncel, sutilísimo, especial y joven, ligeramente afrutado, que se produce en cantidades muy limitadas en esta comarca gallega. Este vino procede de las cepas que trajeron del Rin y el Mosela en el siglo XII los monjes benedictinos.

¿En qué lugar se ubica el Parador «De Albariño»?

Muy cerca del río Umia, frente a la isla de La Toja, dentro de la ría de Villagarcía de Arosa, en una ensenada entre Punta de Tragove y Punta de San Saturnino. El pinar de Tragove y las puestas de sol que desde la Calzada de Cambados pueden contemplarse en los días otoñales de septiembre, son espectáculos de gran contenido turístico.

¿En qué edificio está instalado el Parador?

En el Pazo de Bazán. Fue don Pedro Bazán de Torres, párroco de Cambados, quien inició su construcción en el siglo XVII, que continuaron los Bazán de Mendoza en el XVIII, siendo muy célebre uno de los miembros de esta familia, Pedro Pabro, rector afrancesado de la Universidad de Compostela, traductor de Voltaire y antepasado de la Condesa de Pardo Bazán.

• A PIE

En la villa de Cambados hay mucho que ver, admirar y admirarse. Es uno de los pueblos más hermosos, formado por casas típicas solariegas. La villa perteneció sucesivamente a la Orden del Temple, a la del Santo Sepulcro y a la del Hospital, pasando después a las familias Ulloa, Sotomayor y Monterrey y por fin a la Casa de Alba. La Capilla de la Pastora fue fundada en el siglo XVI. Doña María de Ulloa, madre de Alfonso de Fonseca el Grande, rehizo en estilo plateresco las ruinas románicas de Santa María do Ozo. En esta iglesia de Santa María, con bóvedas de crucería, hay sepulcros de ilustres familias. La iglesia de San Benito, fundada por el obispo González de Valladares en el siglo XVI, posee bellas y gemelas torres barrocas. La Torre de San Saturnino, del siglo XII, fue faro romano. Desde el mirador del Monte de la Divina Pastora hay vistas preciosas. Los principales pazos existentes en Cambados, y que reclaman una visita, son los siguientes: Fefiñanes-Figueroa, con torre almenada y puente de piedra sobre el camino de Caldas de Reyes; el Pazo de Ulloa, que fue edificado en el siglo XV, y en él residieron doña María de Ulloa y sus hijos don Diego de Acevedo y don Alfonso de Fonseca. Montesacro, Torrado, Serantellos… son nombres de otros célebres pazos de la zona. Especial mención reclama el monumento en Cambados de la *Naiciña,* obra del escultor Asorey, preclaro hijo de la villa. El monumento es como un tributo a esta «tierra regazo» que veneraba a las «matres galaicae».

• EN COCHE

Desde el mirador de Labeira se divisa toda la ría de Arousa, la mayor de las Rías Bajas, y las colinas del interior. Este gran mirador era ya muy célebre en la Edad Media. A pocos kilómetros de Cambados, en Armenteira, se halla el Monasterio de Santa María, cisterciense del siglo XII, con portada románica y claustro barroco. Fue fundado por el noble propietario san Ero y resulta muy curiosa la pieza de la cocina de su recinto. Merece alargar la excursión hasta Villagarcía de Arousa con sus bellos paisajes, interesante iglesia románica de San Martín de Sobrán, sepulcro gótico de don Juan Mariño de Sotomayor, las de Santiago y de Santa Eulalia y el pazo-convento de Vista Alegre, de los siglos XVI-XVII. O Grove es el paraíso del marisco. En palabras de don Ramón y Cajal, la isla de A Toxa, con sus manantiales, jabones y casino, es «templo sagrado de salud».

• La leyenda local de Cambados, para magnificar las delicias del pueblo, dice que el Demonio, al tentar a Cristo, le dijo: «Todo el mundo te daré menos Cambados, Fefiñans y Santo Tomé».

• En Caldas de Reis se hallan los balnearios de Acuña y Dávila, y templos y puentes romanos.

• La plaza de Cambados es de las más artísticas y bellas del Reino de Galicia.

Comedor del Parador de Cambados.

Oferta gastronómica

Marisco, centolla, cangrejo real, nécoras, almejas, sopas marineras, empanada de berberechos, pulpo, navajas a la plancha, parrillada de pescado y mariscos, cogote de merluza al horno, merluza a la peregrina, rodaballo guisado con guisantes, lenguado con zamburiñas, vieiras fritas empanadas, tortilla de camarones, flan melba, milhojas de nata, tarta de almendras, empanada de manzana, flanes de café y coco… Albariños y Ribeiros.

Parador de Cangas de Onís

Parador de Cangas de Onís
33500 Villanueva-Cangas de Onís ASTURIAS

Conviene Saber

☎ 985 849 402
Fax: 985 849 520
cangas@parador.es
Localización: monasterio
Categoría: *****
Precio: habitación doble 12.500-15.000 pta
Desayuno: 1.300 pta

Comida/Cena: 3.200 pta
Habitaciones: 62 dobles, 2 individuales
Instalaciones: salón de conferencias, bar, restaurante, aire acondicionado, calefacción, teléfono, parking, ascensor, jardín, acceso discapacitados
Tarjetas de crédito: AE, DC, EC, MC, V

¿A qué responde el nombre del pueblo y, por lo tanto, el del mismo Parador?
El nombre de Cangas parece derivar del término «Conca», que era exactamente con el que los romanos llamaban a los «concanos» o astures, pueblos fuertes y briosos a los que con dificultad sometieron aún los mismos romanos. Cangas de Onís fue la primitiva capital del reino asturiano.

¿Cuál es el principal capítulo de la historia de Cangas?
En esta población estableció su corte el noble visigodo del siglo VIII Don Pelayo, que fue quien inició la larga y sangrienta tarea de la Reconquista, venciendo el año 722 a los moros en la célebre batalla que es conocida como de Covadonga. En Cangas sería asesinado en el 768 el rey Fruela.

¿Cuáles son los acontecimientos festivos más importantes que se celebran en la actualidad en Cangas de Onís?
Entre otros, hay que prestarle atención turística a las festividades de San Antonio de Cangas en el mes de junio, del «Pastor de los Lagos» en julio, del Descenso Internacional del Sella en agosto, de Nuestra Señora de Covandonga en Septiembre y a la «Feria del Queso» en octubre.

• A Pie

El primer objetivo de la visita turística ha de ser al mismo monasterio de San Pedro de Villanueva-Cangas de Onís, edificio en el que se asienta este Parador. El monasterio, de los siglos XIII al XVIII, fue declarado Monumento Nacional en 1907 y a él se le ha agregado un ala de nueva construcción para las instalaciones correspondientes al nuevo uso que acaba de dársele. Todo el conjunto se refleja en las verdes aguas del río Sella, admirándose desde el mismo parte del Parque Natural de los Picos de Europa. El pueblo cuenta con un airoso y simbólico puente, que bien puede ser de origen romano y en la capilla de la Santa Cruz se conserva un dólmen de procedencia de la Edad del Bronce. A unos cinco kilómetros se hallan las Cuevas del Buxu y Tío Bustillo con interesantes muestras de grabados rupestres, de las que se asegura que cuentan con unos 10.000 años de antigüedad.

• En Coche

Son ciertamente excepcionales los alrededores de este Parador de Turismo desde el que es posible y hasta obligado efectuar ciertas excursiones, entre las que se resaltan las siguientes:

Real Sitio de Covadonga, escenario de la milagrosa batalla que librara Don Pelayo contra las huestes musulmanas, con su Cueva Santa o de la Santina cerca del monte Auseva, construida tal vez en el reinado de Alfonso I entre los años 739 y 757 y en la que se dice que reposan los restos de Don Pelayo. En la Cueva se hallan las imágenes de la Virgen y del Niño, coronados. En la Cueva se encuentran también «las tres cruces» y, al fondo, la basílica neorrománica construida entre los años 1886 y 1901.

Es obligada la excursión a los Lagos de Enol y La Ercina, a los pies del Pico de Peña Santa y a unos 26 kilómetros de distancia, ubicados en una meseta de piedra caliza, a mayor altitud aún que la misma Covadonga. El Parque Nacional de los Picos de Europa abarca tres comunidades autónomas —Asturias, Cantabria y Castilla y León— y en él se encuentran profundas gargantas, valles muy verdes y picos muy altos. El nombre de Picos de Europa responde al hecho de ser estos los primeros montes del Viejo Continente que veían los marinos a su regreso a España a medida que se aproximaban a la costa.

Otros puntos de referencia turística desde el Parador de Cangas son también el Naranjo de Bulnes, el desfiladero del río Cares, Cabrales, el desfiladero de Los Beyos, el Puerto de El Fito y los Montes del Sueve, Teleférico de Fuente Dé, litoral de Ribadesella a Llanes…

Oferta gastronómica

La fabada es parte fundamental de la cocina asturiana. A las fabes han de acompañar los productos de la matanza, el «compango» (chorizos, morcillas, un buen trozo de tocino, lacón). También se mezclan con setas, angulas, almejas y bogavantes. El pote tiene características similares. Son también recomendables las cebollas rellenas, bollos con chorizo o «bollos preñaos», sopa de avellana, cremas de nécora, bonito, besugo, lubina, rape o «pixin». Son muchas y muy variadas las clases de queso existentes, sobre todo y en esta zona los Cabrales. En la repostería hay que demandar y degustar arroz con leche, «bollus» o pan dulce, «casadielles», «maranueles», «carbayones», «frixuelos», «suspiros» y, para beber, que jamás falte la sidra.

Habitación del Parador de Cangas.

PARADOR DE CAÑADAS DEL TEIDE

Las Cañadas del Teide
38300 La Orotava ISLA DE TENERIFE

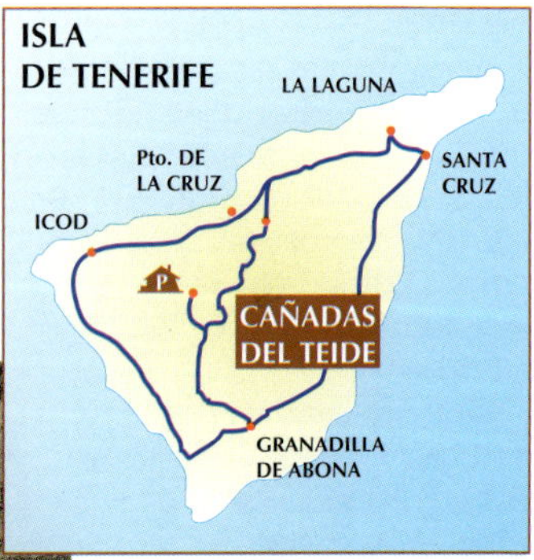

Conviene Saber

☎ 922 386 415
Fax: 922 382 352
canadas@parador.es
Localización: Parque Nacional de Las Cañadas del Teide
Categoría: ****
Precio: habitación doble 15.000 pta

Desayuno: 1.300 pta
Comida/Cena: 3.500 pta
Habitaciones: 34 dobles, 1 indiv., 2 con salón
Instalaciones: calefacción, teléfono, piscina, tenis, garaje, jardín, bar, restaurante, acceso discapacitados
Tarjetas de crédito: AE, DC, EC, MC, V

¿A qué responde el nombre del Parador de Cañadas del Teide?
Responde a su ubicación, exactamente en el lugar del «Parque Nacional de Las Cañadas del Teide», gigantesco cráter con una superficie de 13.000 Ha, que se eleva a 2.000 metros sobre el nivel del mar, tan sólo a unos pasos de los Roques de García y del Roque Chinchado. Su escenario es realmente grandioso: frente a la Montaña Blanca, Pico Viejo, con las llamadas Narices del Teide y el volcán Corona, junto a Piedras Amarillas y a la Montaña Guajara. Su piscina es la más alta de España.

¿Cómo y por qué le ha dado nombre a la isla de Tenerife el Teide?
Tenerife puede proceder de la lengua aborigen y significa «Tener» —nieve— e «Ife» —monte alto—. La llamada «Montaña Mágica» del Teide cubre con su sombra la mayoría de las islas Canarias. También puede significar en terminología guanche —«Echeinde»— *infierno.* Tenerife es también conocida como isla «Nivaria» a consecuencia de la nieve casi perpetua del Teide, con sus 3.718 metros de altitud.

¿Qué otra procedencia etimológica puede tener Tenerife?
Hay quienes también hacen derivar el nombre de «Guanchinerfe», que quiere decir «individuo de Chinerfe». La isla es la mayor del archipiélago y tiene 2.035 km^2, con cerca de 600.000 habitantes.

• A pie

El punto de destino desde este Parador habrá de ser necesariamente el «Parque Nacional de las Cañadas del Teide», a las que se llega por el Portillo de la Villa o por Boca de Tauce. Hay que admirar la Cañada de Pedro Méndez, con caprichosas formas erosivas como el Sombrerito y la Zapatilla de la Reina. El Llano de Ucanda es una enorme depresión. En la Cañada Blanca se sitúa el Parador. Los Azulejos son rocas azules, verdes, rojas, amarillas y negras. Tienen gran interés paisajístico la montaña Najuá, Tabonal Negro, montaña Rajada, el Valle de las Piedras Arrancadas... En el centro del circo se levantan las masas del Teide y el Pico Viejo. Al Teide puede subirse por un teleférico desde la base, que se halla cerca del Parador, hasta la Rambleta y después a pie. También se puede ascender a pie o en caballería desde Montaña Blanca hasta el refugio de Altavista. Es posible asimismo visitar el Observatorio del Teide en Izaña. Cerca del Parador se halla una ermita.

• En coche

Partiendo del Parador de Las Cañadas del Teide es posible efectuar excursiones más largas y sus destinos son múltiples. En esta ocasión, nuestro camino se dirige hacia el norte de la isla y visitamos La Orotava, con casonas de rancio abolengo, como la de los Balcones. La iglesia de la Concepción es barroca y su tabernáculo, de mármol y jaspe, fue diseñado por Ventura Rodríguez. Hay que ver además el Palacio Municipal, la iglesia de San Juan y la ermita del Calvario. El Valle de La Orotava es uno de los lugares más bellos del mundo. La ciudad universitaria y episcopal de San Cristóbal de La Laguna cuenta con atractivos turísticos muy variados. El Puerto de la Cruz es uno de los centros turísticos más importantes de la isla. También reclaman una visita Tacoronte, La Matanza, La Victoria, Realejos, Vilaflor, villa y puerto de Garrachico, Buenavista, San Marcos, Masca, El Palmar, Icod de los Vinos...

• En el santuario de San Miguel de las Victorias o Real Santuario del Santísimo Cristo de La Laguna se venera una extraordinaria imagen del siglo XV, de tamaño natural y perfecta factura.

• En Icod de los Vinos llama la atención su drago milenario, del que se asegura científicamente que tiene unos 3.000 años de antigüedad.

• La patrona de Tenerife es la Candelaria, cuyo culto parece anterior a la conquista cristiana, y la tradición refiere que la imagen de la Virgen fue encontrada por dos pastores vasallos del mencey de Güimar.

Tajinaste y Roque Chinchado en el Parque Nacional.

Oferta gastronómica
Bollos al mojo hervido, baifo embarrado, frangollo, cerdo brujo, potaje canario, sopa de pollo, conejo al salmorejo, gofio, papas arrugás con mojo, sancocho, «ropa vieja», pescado sancochado, muslo de pollo con espinacas, abadejo con papas arrugás, picata de solomillo al mojo picón, turrón de gofio, plátanos, vinos canarios...

Parador de Cardona «Duques de Cardona»

Parador de Cardona
08261 Cardona BARCELONA

Conviene Saber

☎ 938 691 275
Fax: 938 691 636
cardona@parador.es
Localización: castillo sobre la ciudad
Categoría: ****
Precio: habitación doble 15.000-17.000 pta

Desayuno: 1.300 pta
Comida/Cena: 3.500 pta
Habitaciones: 47 dobles, 2 indiv., 5 con salón
Instalaciones: aire acondicionado, calefacción, salón de convenciones, ascensor, restaurante, bar, teléfono, aparcamiento
Tarjetas de crédito: AE, DC, EC, MC, V

¿Cuál es y a qué responde el nombre del Parador de Cardona?

Se denomina «Duques de Cardona» por estar instalado en la fortaleza que perteneció al Gran Almirante y Gran Condestable de Aragón don Ramón Folch, duque de Cardona, de principios del siglo IX.

¿Algunos acontecimientos históricos relacionados con este castillo?

En este castillo, macizo y estratégicamente bien situado, murió en 1240 san Ramón Nonato, que pertenecía a esta noble familia, y en él realizó el milagro de la Eucaristía. De las construcciones del siglo XI sólo subsiste la torre cilíndrica decapitada.

¿Qué atractivo geológico-turístico excepcional, y conocido en todo el mundo, tiene Cardona?

Su Montaña de la Sal. Se trata de unas minas de sal gema que son una verdadera maravilla de la naturaleza. La mina fue explotada ya en tiempos de los romanos y algunas galerías alcanzan más de mil metros de profundidad. De fácil acceso, ofrecen una curiosa visión de estalactitas y objetos esculpidos en sal. El geógrafo Estrabón citó ya esta montaña, una de las pocas de estas características existentes en el mundo.

• A pie

La Colegiata románica de San Vicente, construida en el año 1040, de tres naves, alberga en su interior los sepulcros de los condes y duques de Cardona. Pertenece a la arquitectura de tradición lombarda. El paramento de los muros, totalmente liso, el cimborrio del crucero, la altura de la nave central y el empleo de diversos tipos de bóvedas demuestran gran maestría constructora. Son de admirar las bóvedas de la cripta y el pequeño claustro gótico, del siglo XV. A la entrada del castillo, una capilla conmemora el lugar donde murió San Ramón. La Colegiata disfruta de una excepcional sonoridad, que es aprovechada para grabaciones musicales. Merece también una visita la iglesia parroquial de San Miguel y San Vicente, templo de estilo gótico, del siglo XIV, que guarda la imagen de la Virgen del Patrocinio que fuera traída en 1432 por el almirante Ramón Folch II.

• En coche

Berga, la romana «Castrum Bergium», celebra en el día del Corpus la célebre fiesta del «Patum», en la que el protagonista es el fuego. La iglesia de San Juan tiene elementos románicos, góticos y barrocos. Cerca está la iglesia prerrománica de San Quirce de Pedret, del siglo X. En el Pla de Campllоc, el «Pi de les Tres Branques» —pino de las tres ramas— es lugar simbólico del nacionalismo catalán. La impresionante Colegiata de Santa María del Alba, de grandes dimensiones y gótica, domina la ciudad de Manresa. Hay que ver además los puentes Viejo y Nuevo, el primero románico y gótico el segundo, el Convento jesuítico de la Santa Cueva, donde redactó sus *Ejercicios Espirituales* san Ignacio de Loyola, y diversos edificios barrocos y modernistas. En sus alrededores se halla el monasterio benedictino de San Benito, del siglo XII. La historia de

Castillo en que se ubica el Parador.

Oferta gastronómica
La «escudella», lubina y meros en «suquet», pies de cerdo rellenos, cabrito a la berguedana, sardinas, butifarra, pato con judías, conejo al alioli y con caracoles, pastas denominadas «rocas» y crema quemada. Vinos catalanes.

Solsona tiene fundamentos romanos. Es sede episcopal y en su casco antiguo resalta la Catedral de Santa María, con elementos románicos, góticos y barrocos. La Virgen del Claustro, en piedra negra, admirable por los pliegues y bordados del manto, es notable escultura románica. Hay que ver además la Casa de la Ciudad, el puente de doce arcos sobre el río Segre, Palacio Episcopal y su Museo Diocesano y Comarcal con obras de incomparable valor. El santuario del Milagro se encuentra a pocos kilómetros, con un retablo tan espectacular que resulta ser uno de los más grandes de Cataluña. La procesión de Nuestra Señora del Claustro es de gran interés.

• En el Museo de la Sal se admira una mesa repleta de manjares enteramente realizados con la sal gema de Cardona.

• En la montaña mágica y sagrada de Monserrat encontró Wagner la inspiración perfecta para el decorado de su Ópera *Parsifal.* Goethe aseguró que «en ninguna parte del mundo el hombre hallará la paz y la felicidad fuera de su propio Monserrat».

Parador de Carmona «Alcázar del Rey Don Pedro»

Alcázar, s/n
41410 Carmona SEVILLA

Conviene Saber

☎ 954 141 010
Fax: 954 141 712
carmona@parador.es
Localización: castillo en el centro histórico
Categoría: ****
Precio: habitación doble 18.500 pta

Desayuno: 1.300 pta
Comida/Cena: 3.700 pta
Habitaciones: 60 dobles, 3 individuales
Instalaciones: aire acondicionado, calefacción, teléfono, bar, restaurante, ascensor, piscina, jardín
Tarjetas de crédito: AE, DC, EC, MC, V

¿Cuál es y a qué responde el nombre del Parador de Carmona?

Se llama «Alcázar del Rey Don Pedro» por hallarse instalado en los restos del «Alcázar de Arriba», que fuera habitado por Don Pedro I, al que unos apellidan «El Cruel» y otros «El Justiciero», a mediados del siglo XIV. Antes, tal lugar había sido sede de las legiones romanas.

¿Cuál es la historia de este Alcázar-Castillo?

En la ciudad de Carmona —la antigua «Carmo» romana y «Karmuna» árabe—, mandó edificar o reedificar su palacio el rey Don Pedro, que desde los quince años se dedicó a perseguir a doña Leonor de Guzmán, concubina de su padre, Alfonso XI de Castilla, y a los hijos bastardos que tuvo de ella, Enrique, Fadrique y Tello, el primero de los cuales terminaría por matar a puñaladas al Rey, cambiando con ello el curso de la historia de España. El Rey embelleció este palacio, conocido como «Alcázar de Arriba», con lujo similar al de Sevilla, dado que fueron los mismos artistas árabes los autores de ambos alcázares. También fue residencia de los Reyes Católicos en su campaña de Granada.

¿Cuál es y a qué se debe la frase o el mote que tiene el escudo de Carmona?

«Así como el lucero brilla/ en la aurora,/ así en Andalucía/ brilla Carmona». La frase fue pronunciada por Fernando III el Santo al avanzar con su ejército desde Córdoba a la conquista de Sevilla.

Aspecto del interior del Alcázar.

Oferta gastronómica
Consomé de perdiz con profiteroles, conejo del campo con setas, ensalada de pimientos asados con mollejas de pato confitadas, bacalao a la muselina de ajo y salsa de chipirones, lomo de cebón fileteado con salsa de aceitunas, gazpachos, carne a la brasa, caldereta, flan, tartita caliente de manzana, y todos los platos típicos de la cocina andaluza, con sus respectivos vinos.

• A Pie

El patrimonio monumental de Carmona es impresionante: muralla cartaginesa; colosal necrópolis romana; un museo con las esculturas halladas en las 800 tumbas excavadas; anfiteatro de tiempos de Julio César; columna goda con un calendario del siglo V; la iglesia de San Pedro, que se reconoce por su campanario similar a la Giralda de Sevilla, con sus pilas bautismales de cerámica verde; la Puerta de Sevilla; la Plaza Mayor o de San Fernando; la iglesia de Santa María, del mismo arquitecto de la catedral de Sevilla; convento de Santa Clara, en origen con cuadros de Zurbarán y Valdés Leal; iglesias de San Pedro y de San Felipe; la puerta de Córdoba; los palacios de los Aguilar, Lasso de la Vega; Caro, Briones, Marqueses de San Gil, de los Ruedas; el Ayuntamiento… En la necrópolis destaca la «Tumba del Elefante», con tres comedores y una cocina y que debe su nombre a la estatua de un elefante que allí se encontró. Destaca también la tumba familiar de Servilia, tan grande como una casa patricia.

• En Coche

A pocos kilómetros se encuentra la ciudad universal de Sevilla, con argumentos turísticos tan convincentes como la Catedral y Giralda, los Reales Alcázares, la Torre del Oro, el Museo de Bellas Artes, el Barrio de Santa Cruz, el de Triana y Macarena, hospital de las Cinco Llagas, las instalaciones de la «Expo 92», sus plazas, sus museos, sus iglesias y conventos, Jardines de San Telmo, Parque de María Luisa, Jardines de Murillo, Ayuntamiento, Hospital de la Caridad, Universidad, Casa de Pilato, Puente de San Telmo, Alameda de Hércules… Las ruinas de Itálica, en Santiponce, también piden visita desde el Parador de Carmona. La ciudad de Itálica fue fundada por Escipión el Africano en el 205 a. C. y se conservan numerosos edificios públicos, entre los que destaca el anfiteatro, que es el mejor y de más perfecto trazado de toda la Península Ibérica. Fue cuna de los emperadores Adriano y Trajano. También en Santiponce se halla el convento de San Isidoro del Campo, fundado por Guzmán el Bueno.

PARADOR DE CAZORLA «EL ADELANTADO»

Parador de Cazorla
23470 Cazorla JAÉN

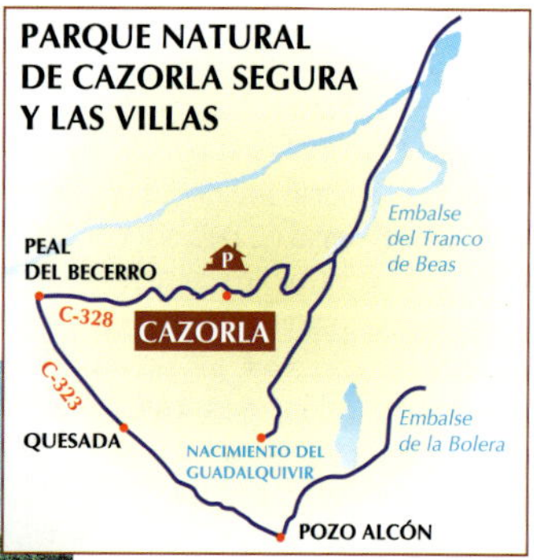

Conviene Saber

☎ 953 727 075
Fax: 953 727 077
cazorla@parador.es
Localización: Parque Natural
Categoría: ***
Precio: habitación doble 12.500-15.000 pta

Desayuno: 1.200 pta
Comida/Cena: 3.200 pta
Habitaciones: 33 dobles
Instalaciones: aire acondicionado, bar, restaurante, aparcamiento, teléfono, jardín, piscina, calefacción
Tarjetas de crédito: AE, DC, EC, MC, V

¿Cómo se llama y a qué responde el nombre del Parador de Cazorla?

Se denomina este Parador «El Adelantado», que en la Baja Edad Media era un funcionario que ostentaba la máxima autoridad en un distrito o «Adelantamiento» en la monarquía castellana. A partir del siglo XIII, los monarcas organizaron las tierras conquistadas en Andalucía y Murcia en «adelantamientos», siendo uno de ellos el de Cazorla, y al frente de ellos pusieron a «adelantados».

¿Dónde se ubica el Parador de Cazorla?

En plena Sierra de Cazorla, en el corazón y en el lugar denominado Sacejo, propio para las actividades de montaña, siendo punto de partida inmejorable para realizar excursiones o para la práctica de la caza y de la pesca. Está construido al estilo propio de los grandes cortijos andaluces.

¿Cuál es el contenido turístico de la ciudad de Cazorla?

Es una de las ciudades más hermosas de Andalucía y en ella hay que admirar todo el conjunto con rincones, calles y plazas, el castillo de la Yedra y las ruinas de Santa María. Tuvo cinco conventos. Con los romanos se llamó «Mons Argentarium» o «Carcacena» y fue sede episcopal de San Isicio.

• A pie

La oferta prioritaria del Parador de Cazorla es su «Parque Natural de las Sierras de Cazorla, Segura y Las Viñas». Este espacio fue declarado por la Unesco «Reserva de la Biosfera», siendo además «Coto Nacional» y «Zona de Especial Protección para las Aves». Es el espacio natural protegido de mayor extensión de España, hasta alcanzar 214.300 Ha, con impresionante variedad paisajística y alturas superiores a 2.000 metros. Sus ríos principales son el Segura, que se dirige al Mediterráneo, y el Guadalquivir, que lo hace hacia el Atlántico. Unas 1.300 especies diferentes de vegetación se hallan en este Parque, contabilizándose en toda España unas 7.000. La especie vegetal más característica es la «Violeta de Cazorla», reliquia de la era terciaria, con sus bellas flores color carmín. Otra especie es la «Pinguicalea Vallisnerrifolia», planta carnívora que atrapa pequeños insectos con ayuda de sus flores blancas azuladas y secreción de jugos viscosos. Entre los animales del Parque resaltan la «Lagartija de Valverde», interesante reptil que sólo puede encontrarse por estos parajes, así como el lepidóptero «Graelisia isabela», que es la más bella de las mariposas europeas.

• En coche

Se justifica muy cumplidamente la excursión al nacimiento del Guadalquivir, el río más simbólico e importante de Andalucía. Nace en la llamada Cañada de las Fuentes, en el sitio de los Almiceranes, entre la Sierra de Cazorla y la de Pozo Alcón, término municipal de Quesada. Fue bautizado por los árabes como «Río Grande». El agua surge de las peñas a 1.340 metros de altitud, forma el salto de Linarejo y alimenta el pantano de Tranco de Beas. El Puente de las Herrerías tiene su historia y leyenda relacionadas con la reina Isabel la Católica y la conquista de Granada. Lugares de gran interés en el Parque son el Centro de Interpretación de la Naturaleza de la Torre del Vinagre, parque cinegético del Collado del Almendral, aula de Naturaleza el Cantalar. Entre sus miradores se reseñan La Cascada, Cañada de las Fuentes, Castillo-Fortaleza de Hornos, Mirador de la Gloria...

• Los productos artesanales más típicos de la comarca son: aceite de oliva, alfombras y esteras, bordados y ganchillos, cerámica, confección y mantas, cuero, destilación de plantas aromáticas, esparto, parfolla, forja y herrería, licores, miel, mimbre...

• La iglesia de Santa María de Cazorla, hoy en ruinas, fue obra de Andrés de Vandalvira.

• Hay establecidos por el Parque Natural diversos recorridos a pie, así como rutas a caballo.

El Parque Nacional permite realizar múltiples actividades de ocio.

Oferta gastronómica

Caza y pesca, gachamiga, ajillo-papas, pipirrana, tallarines o andrajos, tortilla serrana, trucha con salsa de almendras, espárragos, gazpacho andaluz, pierna y cabeza de cordero asadas, ajo hachero, «ajotao», ajo pringue, cerezas de San Isicio, melones «escritos» de Peal de Becerro, ciruelas monjillas, peras de agua, higos de Burunchel, sangría de lupo, mistela, risol o aguardiente hervido con especias, pan de higos, roscos, papajotes, pastel de castañas, natillas con pestiños... Vino de Torreperogil.

PARADOR DE CERVERA DE PISUERGA «FUENTES CARRIONAS»

Carretera de Resoba, km 2,5
34840 Cervera de Pisuerga PALENCIA

Conviene Saber

☎ 979 870 075
Fax: 979 870 105
cervera@parador.es
Localización: reserva Fuentes Carrionas
Categoría: ***
Precio: habitación doble 18.500-15.000 pta

Desayuno: 1.300 pta
Comida/Cena: 3.200 pta
Habitaciones: 80 dobles y 8 individuales
Instalaciones: ascensor, bar, restaurante, jardín, salón de convenciones, teléfono, garaje
Tarjetas de crédito: AE, DC, EC, MC, V

¿Cuál es y a qué responde el nombre del Parador de Cervera de Pisuerga?

Su denominación de «Fuentes Carrionas» responde al hecho de su ubicación junto al nacimiento del río Carrión.

¿Cuál es la ubicación geográfica de «Fuentes Carrionas»?

Al norte de la provincia de Palencia, junto al límite de Cantabria, en un macizo montañoso elevado que constituye el saliente de la Cordillera Cantábrica, sobre la meseta castellana, con circos que superan los 2.000 metros de altitud. La altitud del Parador, cuyo estilo arquitectónico es el propio de la montaña, es de 1.100 metros. Domina los Picos de Europa y está enclavado entre Cervera de Pisuerga y el Embalse de Ruesga.

¿Qué curiosidad arquitectónica tiene la comarca en la que se encuentra este Parador y que le presta además un especial interés?

Este Parador se halla en el centro de un área geográfica que contiene la mayor densidad de templos románicos de toda España.

Dos aspectos del Parador de Cervera.

• A PIE

En Cervera de Pisuerga hay que pasear por sus calles con casas de tipo montañés y fachadas con escudos. La iglesia de Santa María del Castillo se alza sobre el emplazamiento de una antigua fortificación medieval y es obra de estilo gótico. Destacan entre sus obras un retablo barroco, un Crucificado del siglo XIII y la capilla de Santa Ana. Tanto dentro como fuera del pueblo, los recorridos hay que hacerlos a pie siempre que se pueda.

• EN COCHE

En la excepcional oferta de naturaleza que contiene este Parador, hay que mencionar el nacimiento del río Carrión, el lago de Curavacas, los pantanos de Ruesga, de Cervera, de Aguilar de Campóo, Requejada, Camporredondo, Compuerto, Velilla, Riaño, Sierras de Corisa, Sierra Braña, Monte Mayor, la Pernia, Valdelucio, Sierras Albas, Sierra de Peña Labra, Sierra Híjar, la Liébana, Reinosa, Reserva de Caza de Saja y Agregados, el embalse del Ebro… La Reserva de Fuentes Carrionas, con sus 47.755 Ha es rica en bosques, acotados para la caza mayor, y en ella se encuentra el Pico de Curavacas y las lagunas de Curavacas y Pozo Oscuro. En Alar del Rey se celebra el descenso del Pisuerga.

• Los destinos turísticos más cercanos, que se identifican con otros tantos pueblos y ciudades, son éstos: Carrión de los Condes, Palencia, Paredes de Nava, Frómista, Aguilar de Campóo, Ampudia, Cisneros, Dueñas, Ribas de Campos, Palenzuela, Amusco, Astudillo, Renedo de la Vega, Becerril de Campos, Villarcázar de Sirga, Pisón de Castejón, San Andrés de Arroyo, Reinosa, Cozuelos de Ojeda, San Salvador de Cantamuda, Peranzancas y San Cebrián de Muda.

• Hay que ver y admirar en Aguilar de Campóo su recinto amurallado, castillo de Peña Aguilón, monasterio benedictino de Santa María la Real, Colegiata de San Miguel, ermita románica de Santa Cecilia, Puerta de Reinosa, Plaza Mayor, cueva prehistórica de los Franceses en Revilla Pomar…

• En Carrión de los Condes hay que ver y admirar las iglesias de Santa María del Camino, la de Santiago con el friso del Pantocrátor, el convento de Santa Clara y su museo, el monasterio benedictino de San Zoilo…

Oferta gastronómica
Codorniz y perdiz al natural o escabechadas, lechazo asado, truchas, sopas de ajo, «dos y pingada», galletas, «amarguillos», rosquillas de palo «tonto» y «listo», tocino de cielo, flan.

PARADOR DE CEUTA «HOTEL LA MURALLA»

Plaza Virgen de África, 15
11701 CEUTA

Conviene Saber

☎ 956 514 940
Fax: 956 514 947
ceuta@parador.es
Localización: en la costa, recinto histórico
Categoría: ****
Precio: habitación doble 15.00-16.500 pta

Desayuno: 1.200 pta
Comida/Cena: 3.200 pta
Habitaciones: 71 dobles, 6 indiv., 29 con salón
Instalaciones: aire acondicionado, bar, restaurante, salón de convenciones, teléfono, garaje, jardín, piscina
Tarjetas de crédito: AE, DC, EC, MC, V

¿Cuál es y a qué responde el nombre del Parador de Ceuta?

Se denomina «Hotel La Muralla» y tal nombre responde al hecho de haber conservado en su edificación moderna para su uso como «suites», las antiguas bóvedas del que fuera Parque de Artillería, construidas en las Murallas Reales, provenientes de las edificadas por los pueblos que habitaron este lugar, tales como fenicios, griegos, cartagineses, romanos y portugueses.

¿De dónde procede el nombre de Ceuta?

Ceuta ocupa un lugar de los más estratégicos en todo el mundo. Su nombre, en los distintos idiomas, tiene siempre en cuenta las siete colinas que conforman la ciudad: «Heptadelfos» para los griegos, «Septem fratres» para los romanos y posteriormente «Septem», «Cepta», «Sebta» o Ceuta.

¿Cuál es la historia de Ceuta?

Su historia documentada se remonta a 2.500 años y su privilegiado emplazamiento siempre fue objeto de la codicia de los pueblos y civilizaciones, pese a su reducido solar en la península de Almina, de unos 20 km^2. A partir del 15 de agosto de 1415, Ceuta pasó a formar parte de la corona portuguesa. Antes estuvo ligada al Califato de Córdoba y posteriormente vivió como reino independiente, acuñando moneda propia y manteniendo relaciones comerciales con venecianos, catalanes, marselleses… A partir de 1581 la ciudad forma parte de los reinos españoles.

• A PIE

La Catedral, con portada neoclásica de mármol negro, fue consagrada en 1432. Guarda la imagen de la Virgen Conquistadora o del Valle. En la iglesia de Nuestra Señora de África se venera la imagen de la Virgen de África, llevada a Ceuta por don Enrique el Navegante, como un recuerdo más de la presencia portuguesa en la ciudad. La imagen con rasgos bizantinos porta el acebuche o áloe con el que la dotó don Pedro Meneses, gobernador portugués y con cuya vara es la Virgen Alcaldesa Perpetua de Ceuta, con honores de Capitán General. En el Palacio Municipal, y en su Salón del Trono, se guarda el Pendón Real de la ciudad, que tiene seis siglos de antigüedad, y los escudos de armas de España y Portugal. En el centro de la plaza se halla erigido un monumento a los combatientes de la Guerra de África de 1860. Es obra de Susillo. El Foso de San Felipe es notable obra de ingeniería militar, del siglo XVI. Son dignos de admiración el Puente Nuevo de la Virgen y el Puente del Cristo. Ceuta está surcada por numerosas galerías de comunicación que utilizaban sus tropas. Otros puntos de interés turístico son la Sala Arqueológica, las Murallas Merinidas, el Museo de la Legión, Fortaleza del Monte Hacho, en el que se supone que estuvo ubicada una de las columnas de Hércules... Son muy notables sus diversos miradores como el de San Antonio, de Isabel II y de Benzú...

• EN COCHE

Entre tantas excursiones optativas a efectuar desde el Parador, resaltamos las de Tetuán, Tánger, Chaouén..., además de las playas de Martil y Cabo Negro, cercanas a Tetuán, o Cabo Malabata, en dirección a Tánger.
• En Monte Hacho, además de divisar el Estrecho de Gibraltar, es posible admirar su fortaleza, estratégico lugar de uso militar que conserva íntegramente las impresionantes murallas que sirvieron también como presidio.
• Junto al Monte Hacho, en la ermita de San Antonio, se celebra una romería con fiesta de intenso sabor popular para la búsqueda de novio o novia.
• Al castillo se le llama «El Desnarigado» porque, como asevera la leyenda, a un pirata que lo conquistó los ceutíes le cortaron la nariz. Actualmente está convertido en museo.
• La bandera de Ceuta es idéntica a la de Lisboa. El pendón de la ciudad fue bordado por doña Felipa «para mayor brillo de la corona lusitana» y fue elegido por don Juan I de Portugal.
• En la llamada Casa Grande, una placa recuerda que en ella vivió y murió Agustina de Aragón, la heroína de la Guerra de la Independencia.

Catedral de Ceuta.

Oferta gastronómica
Pescaíto frito, bonito y atún, mariscos y viandas de origen árabe, en especial «pinchitos», revuelto de mero, almejas con espinaca, brochetas de pescado, flan de almendras, tocino de cielo...

Parador de Chinchón

Avda. Generalísimo, 1
28370 Chinchón MADRID

Conviene Saber

☎ 918 940 836
Fax: 918 940 908
chinchon@parador.es
Localización: convento en la ciudad
Categoría: ****
Precio: habitación doble 17.500 pta

Desayuno: 1.300 pta
Comida/Cena: 3.500 pta
Habitaciones: 36 dobles, 2 con salón
Instalaciones: aire acondicionado, bar, restaurante, piscina, jardín, teléfono, salón de convenciones
Tarjetas de crédito: AE, DC, EC, MC, V

¿Cuál es la historia del edificio del Parador de Chinchón?

Se halla instalado en el antiguo convento de los padres agustinos, fundado por los primeros señores de Chinchón, señorío que les fue concedido por los Reyes Católicos el año 1480 a los Marqueses de Moya, Andrés Cabrera y Beatriz de Bobadilla. Los agustinos impartieron en este convento varias cátedras, entre otras, la de latín, hasta 1816. Enajenados los bienes por la ley de Mendizábal, el regente don Luis María de Borbón, trigésimo conde de Chinchón, cedió todo el conjunto al Ayuntamiento.

¿Qué es lo principal que hay que admirar en el Parador de Chinchón?

Es uno de los más atractivos de España. La iglesia, que ha quedado separada del Parador, está cubierta con bóvedas de cañón con lunetas y cúpula en el crucero. En sus pechinas figuran los escudos de los Cabrera-Bobadilla. Los jardines del Parador ocupan unos 4.000 m^2, y están escalonados a distintos niveles, con parras, rosales, nísperos y otros frutales, y un estanque con nenúfares y lirios trompeteros. Merece resaltarse el frailesco mural del claustro. Dispone también de una especie de museo etnográfico con referencias sobre todo a la destilería.

¿Cómo pudo haberse llamado este Parador?

Pudo haberse denominado y conocido como «Santa María del Paraíso», que era precisamente la advocación mariana a la cual estaba dedicado el monasterio.

• A PIE

La Plaza Mayor recuerda un antiguo Corral de Comedias. De forma irregular y de tres plantas con galerías adinteladas y soportales, es una de las mayores de España con más sabor popular. Acoge espectáculos de dimensión y eco internacionales, como sus corridas de toros y Autos Sacramentales. Éstos fueron ya famosos en el siglo XVI. El Castillo de Chinchón data del siglo XV, de traza gótica y planta cuadrangular, con torreones circulares en los ángulos, y se conservan la planta baja, el aljibe, dos poternas y restos de la Torre del Homenaje. Consta que intervino en su construcción Juan de Herrera. El escudo de los Cabrera-Bobadilla se halla en su puerta. La iglesia parroquial de la Asunción es del siglo XVI, de estilo gótico, con campanario separado del edificio, y en su altar mayor se conserva el cuadro de Goya *La Asunción de la Virgen*. En el convento de las Clarisas hay un retablo de Lucas Jordán. La Casa de la Cadena debe su nombre a la cadena que cerraba los edificios ocupados por Felipe V.

• EN COCHE

Colmenar de Oreja destaca por sus vinos, grandes tinajas y famosa piedra con la que están construidos muchos de los edificios importantes de Madrid. La Plaza Mayor, con soportales y galerías, está dominada por el Ayuntamiento. La iglesia de Santa María la Mayor, con aspecto de fortaleza, está trazada por Juan de Herrera. Hay que visitar además el Arco de Zacatín, la fuente del Barranco, la ermita del Santísimo Cristo del Humilladero, el convento de las Agustinas Descalzas y el Museo Municipal, dedicado al pintor Ulpiano Checa, nacido aquí. Villaconejos es célebre por sus melones. En Titulcia hay que visitar la Cueva de la Luna, cargada de leyendas. En la iglesia parroquial está el cuadro de La Magdalena de Jorge Manuel, el hijo de El Greco. Impresiona por su mole el Castillo de Casasola. La iglesia parroquial de Arganda del Rey data de 1525 y la imagen de su San Francisco se le atribuye a Salcillo.

• Los productos típicos de Chinchón son los ajos, el vino y, sobre todo, el anís, «bebida espirituosa anisada, azucarada o no, elaborada a partir de destilado de macerados de anís verdes en mezcla hidroalcohólica de alcoholes naturales de origen agrícola en alambiques de cobre».

• Linneo bautizó a la quina como «chinchona» en homenaje a doña Ana de Osorio, condesa de Chinchón y virreina del Perú, que importó la planta medicinal a Europa.

• En 1502 se celebraron corridas de toros en la Plaza de Chinchón en homenaje a Felipe el Hermoso.

Plaza Mayor de Chinchón, preparada para un festejo taurino.

Oferta gastronómica

Chinchón es el Comedor de Madrid. Platos castellanos, especialmente los asados, sopa castellana, cordero, chorizos, gallina de campo en pepitoria, cochinillo y lechal asados, sopa de ajos, arroz con leche, helados de higo, melocotón al vino, dulce de almendras, anís y vinos de Chinchón o de Colmenar de Oreja.

Parador de Ciudad Rodrigo «Enrique II»

Plaza del Castillo, 1
37500 Ciudad Rodrigo SALAMANCA

Conviene Saber

☎ 923 460 150
Fax: 923 460 404
ciudadrodrigo@parador.es
Localización: alcázar
Categoría: ****
Precio: habitación doble 13.500-15.000 pta
Desayuno: 1.200 pta
Comida/Cena: 3.200 pta
Habitaciones: 25 dobles, 1 individual, 1 con salón
Instalaciones: aire acondicionado en salones y comedor, calefacción, bar, restaurante, jardín, teléfono, garaje
Tarjetas de crédito: AE, DC, EC, MC, V

¿Cómo se llama y a qué responde el nombre del Parador de Ciudad Rodrigo?

Se llama «Enrique II de Trastámara» por ubicarse en el castillo-alcázar mandado edificar por este rey, conocido como «El Bastardo». En una lápida, y con caracteres góticos, se refiere lo siguiente: «Este alcázar mando facer el muy alto e muy noble Rey don Enrique, hijo del muy alto e noble Rey don Alfonso, que venció a Alboacen, rey de Benamerin con todo el poder de África e ganó Algecira».

¿Qué número hace este Parador en la Red de Paradores del Estado?

Hace el número dos, primero, a la vez, de la serie de Paradores que, siguiendo la iniciativa del Marqués de Vega Inclán, se construyeron aprovechando viejos edificios históricos restaurados. La fecha de su reconstrucción fue 1928.

¿Algunos datos históricos de Ciudad Rodrigo?

Se llamó «Mirobriga Vettorum» y en el siglo XII se le encomendó su repoblación al conde Rodrigo González Girón, quien ayudó al rey Alfonso VI en la batalla de Sagra.

• A pie

Las murallas, con una longitud de 2.250 metros, circundan totalmente el casco antiguo con las puertas del Sol, Santiago, la Colada, San Vicente, Amayuelas y del Conde. La Casa de los Miranda, el Palacio de la Marquesa de Cartago, el Palacio Episcopal, la Casa de las Cadenas, el Palacio del Príncipe, cuartel de artillería, Hospital de la Pasión, Casa de los Vázquez, Casa del Cañón, Casa de los Gómez de Silva, Casa Consistorial, Plaza Mayor, Casa del Primer Marqués de Cerralbo, antigua Audiencia, Casa de las Cuatro Calles, Palacio del Conde de Alba Yeltes, Palacio de Castro, Palacio de Moctezuma, Capilla de Cerralbo, iglesias de San Agustín y de San Isidoro, Capilla de la Tercera Orden, iglesia de San Andrés, el convento de las Claras, iglesia de Santa María o Catedral, de origen románico y que tuvo por modelo la de Zamora, con notables obras de arte… y portada de la Virgen, claustro, puerta de las Cadenas y torre.

• En coche

Teniendo como punto de referencia turística los Arribes del Duero, Castillejo de San Martín es lugar apacible de pesca y caza junto al río Águeda, en el lugar conocido como Siega Verde. San Felipe de los Gallegos conserva lienzos de murallas en buen estado. También existe un verraco ibérico. La iglesia parroquial es de origen románico. Por estos lugares es posible efectuar alguna de las típicas rutas del toro bravo de las dehesas salmantinas. Los Arribes del Duero son profundos valles fluviales, de incomparable belleza. Es zona de grandes lagos que forman los embalses de Almendra, Aldeadávila y Saucelle. Uno de los pueblos más importantes es Saucelle, de gran belleza paisajística y en donde son célebres los «repelaos» y piñonates, dulces hechos con la almendra de la comarca. En Hinojosa del Duero hay una preciosa playa

Vista de la Catedral de Ciudad Rodrigo.

Oferta gastronómica
Huevos fritos con farinato, jamón ibérico, morcilla, limonada, asados, salazones, guiso de patatas «meneás» y rebozadas, patatas con rabo, perdiz, cabrito, hornazo, calderillo de Béjar, natillas, «repelaos», perrunillas de almendras, mantecados, roscas de la Virgen del Rosario, panecillos de San Antón…

llamada el Piélago y miradores como el de Cristo Rey. Conserva tradiciones como «echar la bandera» en Pascua y San Juan. En Vilvestre destaca su iglesia y un taller neolítico. En Lumbrales es de admirar la monumental iglesia de estilo herreriano, la torre mozárabe del reloj y un verraco ibérico. La Fregeneda e Hinojosa de Duero son otros tantos lugares de los Arribes cargados de interés.

• Los Carnavales, con encierros y corridas de toros, son las fiestas más típicas de Ciudad Rodrigo, cuyo calendario festivo es tan amplio.

• Con doña Marina Alfonso, «La Coronada» se relaciona la leyenda siguiente: el rey de Castilla, don Juan I, o don Juan II, se enamoró de ella, pero esta dama derramó sobre su cuerpo una olla de aceite hirviendo, mientras clamaba: «No quiera Dios que por tí caiga en torpe y vil pecado».

• Una importante obra romana, aunque de incierta procedencia, en Ciudad Rodrigo, es el monumento conocido como «Tres Columnas».

PARADOR DE CÓRDOBA «LA ARRUZAFA»

Avda. de la Arruzafa, s/n
14012 CÓRDOBA

Conviene Saber

☎ 957 275 900
Fax: 957 280 409
cordoba@parador.es
Localización: ciudad
Categoría: ****
Precio: habitación doble 15.000-17.500 pta
Desayuno: 1.300 pta
Comida/Cena: 3.200 pta
Habitaciones: 86 dobles, 2 individuales, 6 con salón
Instalaciones: aire acondicionado, calefacción, ascensor, restaurante, bar, salón de convenciones, jardín, piscina, tenis
Tarjetas de crédito: AE, DC, EC, MC, V

¿Cuál es y a qué responde el nombre del Parador de Córdoba?

Se denomina «La Arruzafa» por estar situado sobre el mismo emplazamiento que tuvo el palacete de recreo de Abderramán I y en cuyos jardines se plantaron las primeras palmeras que hubo en Europa. 'Arruzafa' significa en árabe 'jardín de palmeras'.

¿Qué significa y de dónde procede el nombre de Córdoba?

Su fundación se atribuye a los cartagineses y procede de 'Kartuba', que significa 'ciudad hermosa y rica'. Los romanos la conquistaron en el año 152 a. C. por Claudio Marcelo, reconstruida después por Augusto. En el 711 fue conquistada por los árabes con el nombre de «Corduva».

¿Qué importancia alcanzó Córdoba en esos tiempos?

Llegó a alcanzar un nivel de cultura, arte, ciencia y monumentalidad sólo superado en Europa por Constantinopla, la capital de los emperadores de Oriente. Los más importantes cordobeses de estas épocas fueron Séneca, Osio, Averroes y Maimónides.

• A Pie

La mezquita de Córdoba fue considerada como el primer monumento de todo el Occidente islámico, comparable con la de los Omeyas de Damasco. Destacan en ella la Torre del Alminar o Minarete, el Patio de los Naranjos, la Sala de Oración, el Mihrab... Hay 850 columnas de granito, jaspe, mármoles verdes, violetas y otros mármoles preciosos, con diferentes capiteles. La Catedral fue levantada dentro de la Mezquita y en ella destaca la Capilla de Villaviciosa, o Lucernario, y el Tesoro con la Custodia de Enrique de Arce. Hay que ver y admirar en Córdoba: la puerta de Almodóvar, iglesias de San Pedro de Alcántara, Hospital de Agudos, capilla de San Bartolomé, capilla de San Jacinto, Palacio Episcopal, Alcázar de los Reyes Cristianos, murallas árabes, puente de Julio César, Puerta del Puente, Triunfos de San Rafael, Calleja de las Flores, iglesia de la Trinidad, conventos de Santa Ana y de la Encarnación, Casa de los Marqueses del Carpio, Posada del Potro, Fuente del Potro, iglesia de San Francisco, Plaza de la Corredera, Sinagoga, Judería, Plaza de los Dolores o de Capuchinos con el Cristo de los Faroles, edificio del Ayuntamiento, patios, Casa de las Bulas con el Museo Taurino, Torre de la Calahorra, Palacio de Viana, Museo Arqueológico, Museo Julio Romero de Torres «pintor de la mujer morena»...

• En Coche

Cerca del Parador se encuentran las ruinas de Medina Azahara, que pertenecieron a los palacios que Abderramán III mandó construir el año 936 para su favorita Azahara, con su salón real de los visires y una fabulosa decoración de ataurique en paredes, capiteles y arcos. A 13 kilómetros y en la carretera del Brillante, se encuentran las célebres ermitas de Córdoba, existentes ya en el siglo VI, recinto religioso que conserva la tradición de vida anacoreta de los primeros tiempos del cristianismo. Desde estos parajes se divisa un impresionante panorama de la ciudad, de su sierra y del Guadalquivir. Fueron cantadas por el poeta Antonio Fernández Grilo. El Convento de San Jerónimo es edificación medieval con patio gótico de especial belleza, que perteneció a los monjes Jerónimos, y los santuarios de Santo Domingo de Scala Coeli y Nuestra Señora de Linares.

• En la Torre de la Calahorra, fortaleza árabe que defendía al puente romano, hay un museo audiovisual que presenta la historia de la Córdoba califal en todo su esplendor.

• El emperador Carlos V lamentó así la construcción de la Catedral dentro de la Mezquita: «Habéis destruido lo que no existía en ninguna parte, para construir algo que se puede hallar en cualquier lugar».

Habitación del Parador.

Oferta gastronómica

Ensalada sefardí, salmorejo de Córdoba, rabo de toro, cordero a la miel, rape mozárabe, ajo blanco o gazpacho de almendras, huevos «esparragaos», carnes del Valle de los Pedroches a la brasa, berenjenas fritas, alcachofas cordobesas, escabechada de perdiz en ensalada, paletilla de lechal con membrillo, «mousse» de castaña con pasas y vinos de Montilla-Moriles.

Parador de Cuenca

Paseo Hoz del Huécar, s/n
16001 CUENCA

Conviene Saber

☎ 969 232 320
Fax: 969 232 534
cuenca@parador.es
Localización: ciudad
Categoría: ****
Precio: habitación doble 17.500-18.500 pta
Desayuno: 1.300 pta
Comida/Cena: 3.700 pta
Habitaciones: 61 dobles, 2 con salón
Instalaciones: aire acondicionado, teléfono, bar, restaurante, ascensor, calefacción, garaje, jardín, televisión, tenis, piscina
Tarjetas de crédito: AE, DC, EC, MC, V

¿En qué lugar de la ciudad se ubica el Parador de Cuenca?

El parador está instalado en el antiguo Convento de San Pablo, del siglo XVI. Las obras de la iglesia comenzaron en 1523. La portada es del siglo XVIII, de estilo churrigueresco-rococó, de sorprendente diseño y atrevida composición arquitectónica. Muchas de las habitaciones tienen vistas a la Hoz del Huécar.

¿Qué refieren la leyenda y la historia acerca de la fundación de Cuenca?

La primera asegura que fue fundada por Hércules, así como que surgió el mismo día que Roma. Se asegura asimismo que fue capital de los «concanos», ferocísimo pueblo que se mantenía de la sangre de los caballos mezclada con leche. Otros afirman que su fundación responde a un antiguo castro romano, para la defensa de la calzada a su paso por el Puente de Castelar. Fue fundada por los árabes en el siglo X y en 1177 pasó a manos del rey de Castilla Alfonso VIII.

¿Qué emplazamiento original tiene esta ciudad?

Está situada en una plataforma rocosa inverosímil, cortada a pico por las hoces del Júcar y del Huécar, sobre las que cuelgan sus casas. La falta de espacio explica la estrechez y el trazado irregular de sus calles.

• *A Pie*

Su Catedral es única en España. Es de estilo gótico-anglonormando, con tres naves a los pies y cinco a la cabecera. Su triforio es bellísimo. El arco de Jamete de su crucero es creación auténticamente audaz del arte renacentista. Las puertas de la Sala Capitular fueron talladas por Alonso Berruguete. En Cuenca hay mucho que ver y todo que admirar. De la oferta museística resaltan el Museo Diocesano de Arte Sacro, el Museo Arqueológico y el Museo de Arte Abstracto, instalado en las Casas Colgadas, cuyo fundador fue Fernando Zobel. La oferta monumental de la ciudad engloba el Ayuntamiento, Palacio Episcopal, iglesia de San Miguel, iglesia de San Pedro, ermita de la Virgen de las Angustias, convento de las Descalzas, las Petras, el Seminario, la Casa de Recogidas, el Castillo, Casas Colgadas, el Puente de San Pablo, Plaza de los Descalzos, Calle Julián Romero, Plaza Mayor, iglesia de San Felipe Neri. La Torre Mangana hace referencia a «torre del reloj» o «máquina», bien porque en ella estuviera el reloj de sol, o porque encima de sus almenas estuviera instalado un fundíbulo o máquina lanzapiedras para defender la ciudad. Mangana es todo un símbolo de Cuenca, tanto como las Casas Colgantes.

• *En Coche*

Los alrededores de Cuenca son todo un espectáculo natural de primer orden con una oferta turística excepcional. La misma ciudad está declarada oficialmente «Paraje Pintoresco». Hay que hacer notar que sobre todo en otoño el paisaje conquense adquiere un colorido espectacular. En sus cercanías, y siempre de la mano de un turismo de naturaleza, hay mucho de que disfrutar. A título de ejemplo, las Torcas son formaciones impresionantes, rocosas circulares. Las Hoces del Júcar y del Huécar. La

La Ciudad Encantada.

Oferta gastronómica
Gazpachos o galianos, morteruelo, gachas, patatas en guisos diversos, asados, lomo de orza, trufas, cangrejos de río, caldereta, chorizos de la tierra, zarajos, ajo arriero, setas de cardo, revuelto de cardos y espinacas, lechal al ajillo, cochifrito... De postre, la torta de alajú a base de miga de pan, nueces de la sierra y miel pura, dulces monjiles. Hay que degustar las delicias del resolí o licor local, de café, canela, esencia de corteza de naranja y azúcar. No deben faltar el queso manchego y los vinos blancos de Fuente de Pedro Naharro, claretes de Tarancón o rosa pálido de Motilla del Palancar.

Ciudad Encantada, con sus 20 kilómetros de extensión, forma un impresionante laberinto de puentes, plazas y figuras extrañas y caprichosas formadas por la misma naturaleza en la era secundaria. El Ventano del Diablo es paisaje lleno de sorpresas. En Valeria hay ruinas romanas.

- El dicho popular «di que eres de Cuenca y entrarás de balde» responde a las exenciones y privilegios que les otorgaba su generosísimo Fuero, concedido por Alfonso VIII en 1190.
- Es muy popular el dicho de que «si quieres ver reír a las piedras, ve a la catedral de Cuenca», para resaltar la belleza de sus figuras.
- El nacimiento del río Cuervo es uno de los mayores atractivos naturales de España.
- El Hosquillo está declarado Parque Cinegético Natural y Reserva Nacional de Caza Mayor.

Parador de Ferrol

Almirante Fernández Martín, s/n
15401 Ferrol A CORUÑA

Conviene Saber

☎ 981 356 720
Fax: 981 356 721
ferrol@parador.es
Localización: litoral
Categoría: ***
Precio: habitación doble 13.500-15.000 pta
Desayuno: 1.200 pta
Comida/Cena: 3.200 pta
Habitaciones: 27 dobles, 10 individuales, 1 con salón
Instalaciones: aire acondicionado en salones y comedor, calefacción, salón de convenciones, bar, restaurante, teléfono
Tarjetas de crédito: AE, DC, EC, MC, V

¿En qué lugar se ubica el Parador de Turismo de Ferrol?

Se halla en la ciudad coruñesa de Ferrol, en uno de sus rincones más característicos junto a los Jardines de Herrera y San Francisco, muy cerca de la iglesia del Socorro y del muelle de las Coruxeiras. Su terraza parece extendida sobre barcos y dársenas.

¿Cuál es la historia de Ferrol?

Se pierde en el tiempo, como la de cualquiera de los castros antiguos que la rodean y sobre los que está asentada, en un lugar privilegiadamente marino, al borde de la grandiosa bahía al noroeste de la Península Ibérica. El nombre de Ferrol puede proceder de «San Ferreol», o puede hacer referencia también a un «farol» orientador de las naves lejanas. Ferrol, como puerto, es obra de los reyes Borbones y sus astilleros fueron creados por Felipe V en 1726. De ahí la disposición urbana de la ciudad. A partir del siglo XVIII se establecieron los primeros arsenales, convirtiéndose así en el primer puerto militar español.

¿Qué acontecimientos principales sucedieron en este puerto?

En él se botó el primer barco español a vapor, en 1858, así como el primer barco con casco de hierro, en 1881, y el primer acorazado, en 1912.

• A Pie

La iglesia de San Francisco es del siglo XII, pero fue reconstruida en el siglo XVIII. La catedral neoclásica de San Julián, el barrio de la Magdalena, los astilleros de Bazán, el castillo de San Felipe —fortaleza del siglo XVI—, la Plaza de España y la Sala de Conversaciones del Casino ferrolano, obra de Felipe Bello, son otros tantos lugares de cita turística. La oferta deportiva del Parador es plural y rica, con mención especial para la pesca y la caza. En su comarca abundan la perdiz, la liebre y el conejo, y sus ríos son salmoneros, como el Eume, y también en él se da la trucha, así como en el Jubia y en el Mera. La pesca marítima es abundante y la especie más frecuente es la robaliza y el róbalo. Las playas más atractivas de Ferrol son las de San Jorge de la Mariña, Santa Comba, Doñinos con su laguna, Ponzas, Portiño, Vilar, San Felipe…

• En Coche

A Coruña es cita obligada de encuentro turístico para quienes utilizan el Parador de Ferrol. En esta «Ciudad de Cristal», «nadie será jamás forastero» y la cordialidad y capacidad de acogida de sus habitantes fundamentan además innumerables razones para justificar su visita. La iglesia colegiata de Santa María del Campo es de estilo románico, del siglo XIII. La iglesia de Santiago, románica del siglo XII, es la más antigua de A Coruña. En el convento de San Francisco celebró Cortes Carlos V en 1520. El convento de Santa Bárbara, del siglo XV, tiene como santuario una iglesia gótica. La iglesia de San Nicolás es barroca. En la de Las Capuchinas se encuentra un cuadro de Zurbarán. Entre sus plazas, resaltan la de María Pita, con soportales, y la de Azcárraga. La del Buen Humor luce originales motivos y recuerdos humorísticos. Muy apacibles son los Jardines de San Carlos. El Museo Provincial de Bellas Artes se ubica en el Antiguo y Real Consulado del Mar. La Torre de Hércules, de origen romano, es el faro más antiguo del mundo que está todavía en funcionamiento. Es símbolo por excelencia de la ciudad. La Casa de las Ciencias y el Palacio Municipal reclaman atención admirativa.

Sala del Parador de Ferrol.

Oferta gastronómica
Pescados y mariscos, percebes, langosta, centollos, bueyes, lubrigantes, nécoras, empanada, lacón con grelos, lubina con vieira en su salsa, croquetas de congrio y bonito, cigalas a la plancha, callos a la gallega, lenguado al ajillo, rape con guisantes, rodaballo con setas, jarrete de ternera, fillonas rellenas, milhojas, pastel de arroz con leche, bollas, melindres, cocadas de Pontedeume, ponche de nuez y vinos Albariños y Ribeiros.

• Las condiciones estratégicas del puerto de Ferrol son excepcionales. El célebre Almirante Pitt llegó a lamentar que este puerto no fuese inglés, pues de serlo, «habría que revestirlo de una muralla de plata».

• La Plaza de A Coruña está dedicada a María Pita, heroína local que defendió la ciudad contra la armada inglesa de Drake.

• Los ingleses quisieron destruir repetidamente el puerto de Ferrol y en 1800 fueron derrotados por los ferrolanos en la playa de Doñinos.

Parador de Fuente Dé

Fuente Dé
39588 Fuente Dé CANTABRIA

Conviene Saber

☎ 942 736 651
Fax: 942 736 654
fuentede@parador.es
Localización: montaña
Categoría: ***
Precio: habitación doble 11.500-13.500 pta

Desayuno: 1.200 pta
Comida/Cena: 3.200 pta
Habitaciones: 72 dobles, 6 individuales,
Instalaciones: bar, calefacción, restaurante, teléfono, ascensor
Tarjetas de crédito: AE, DC, EC, MC, V

¿Cuál es y a qué responde el nombre del Parador de Fuente Dé?

Se denomina «Río Deva» y responde al hecho de su ubicación precisamente en el anfiteatro natural de Fuente Dé, en la Cordillera Cantábrica, muy próximo al nacimiento del río Deva, en la Comunidad Cántabra.

¿Cuál es la situación exacta de este Parador de montaña?

Está situado a unos mil metros de altitud junto a la estación del teleférico que salva las diferencias de niveles sobre un tajo de 753 metros hasta el Mirador del Cable, a dos mil metros de altura, con espléndido panorama del Valle del Deva, Potes y los picos del macizo central de Picos de Europa.

¿Qué célebre referencia poética se hace en la literatura a los lugares en los que se ubica el Parador?

El picarón Marqués de Santillana, que anduvo por estas tierras en guerras y en amores, escribió: «Mozuela de Bores/ allá do la Lama,/ púsome en amores,/ E fueron las flores,/ de cabe Espinama/ los encubridores».

• A Pie

Realmente habría que dejar el coche aparcado y dedicar los días de la estancia en este Parador de Montaña, a 24 kilómetros de Potes, a contemplar y admirar la naturaleza en uno de los lugares más grandiosos y espectaculares de España. Difícilmente hay otro lugar y entorno tan aptos para disfrutar de la naturaleza en la ancha y plural oferta ecológica.

• En Coche

Más que para ver, para trasladarse y así poder acercarse aún más a muchos de los lugares que configuran tan rica oferta turística. Entre los puntos de referencia resaltamos el Desfiladero de la Hermida, estrecho tajo formado por las aguas del Deva, de unos 25 kilómetros de longitud y con impresionantes murallones. En un valle idílico se halla Lebeña con su monasterio mozárabe. La iglesia, con espacios arabizantes ceñidos por arcos de herradura, es del siglo X. Potes, villa fundada en el siglo VIII por Alfonso I, es la capital de la comarca de La Liébana. En pleno centro urbano se levanta la recia y cuadrada torre del Infantado, del siglo XV. Cerca están la parroquia y las ruinas de otro templo. Esquiadores, alpinistas y cazadores se dan cita con frecuencia y agrado por estos lugares. Desde Potes se admira una de las más prodigiosas vistas de los Picos de Europa, de los que se divisan no menos de 17, entre los más destacados del sistema. El Monasterio de Santo Toribio de Liébana fue fundado en el siglo VII y, como refiere la tradición, en él fue ocultado en el siglo XIII un fragmento de la Cruz —«Lignum Crucis»— que había traído de Jerusalén el obispo de Astorga santo Toribio. En este monasterio vivió hacia mediados del siglo XIII el monje Beato, célebre autor del *Comentario del Apocalipsis de San Juan* que fue copiado por los monasterios, con preciosas miniaturas que son otras tantas obras de arte

Sala del Parador de Fuente Dé.

Oferta gastronómica
Cocido lebaniego de Potes, truchas, jabalí, corzo, pucherete montañés, cordero lechal asado al estilo de Liébana, solomillo al queso de Cabrales, judías verdes a la cántabra, salmón con setas, guisantes con lechazo, mollejas de lechazo, natillas con leche, tartas de queso y de limón, tabla de quesos de Liébana, orujo, crema de quesos con orujo y nueces…

excepcionales. Por el Puerto de Piedrasluengas se halla Cabezón, con casas solariegas y dos puentes medievales. Cerca se encuentra la iglesia románica de Santa María de Piasca, construida en 1172. El Mirador de Llesba es un precioso balcón natural, Las Gargantas del Yuso son muy espectaculares. Junto al Puerto de Panderrueda impresiona también el Mirador de Piedrafita. El Puerto del Pontón, su Desfiladero de los Beyos, la Garganta del Cares… son otros tantos puntos de referencia de naturaleza con oferta turística de alta calidad. Desde el Parador hay que programar al menos estas excursiones: Fuente Dé-teleférico-Áliva y Fuente Dé-Posada de Valdeón-Caín y Garganta del Cares.

• Entre las compras más típicas de estos lugares resaltan las del queso, borones y orujo.

• Es sorprendente el panorama, a la salida del pueblo de Las Estazadas, del Naranjo de Bulnes, con sus 2.519 metros de altitud, y el desfiladero o «Garganta Divina» del Cares.

Parador de Gijón «Molino Viejo»

Parque Isabel la Católica, s/n
33203 GIJÓN

Conviene Saber

☎ 985 370 511
Fax: 985 370 233
gijon@parador.es
Localización: litoral
Categoría: ****
Precio: habitación doble 15.000-19.000 pta

Desayuno: 1.300 pta
Comida/Cena: 3.500 pta
Habitaciones: 39 dobles, 1 individual
Instalaciones: teléfono, ascensor, restaurante, bar, sidrería, garaje, jardín, aire acondicionado
Tarjetas de crédito: AE, DC, EC, MC, V

¿Cuál es y a qué responde el nombre del Parador de Gijón?

Se denomina «Molino Viejo» por estar instalado en uno de los más típicos molinos que había en Gijón durante los siglos XVII y XVIII, con vistas al mar.

¿A qué respondió la existencia de tales molinos en la ciudad de Gijón?

Eran una de las manifestaciones industriales de la ciudad. Las distintas parroquias utilizaban las aguas de fuentes, arroyos e incluso del mar, para hacerlos funcionar. Normalmente pertenecían a hidalgos o a grandes señores. A mediados del siglo XIX había constancia de la existencia de al menos 66 molinos.

¿En qué lugar se halla exactamente el Parador?

A 200 metros de la Playa de San Lorenzo y en el Parque de Isabel la Católica, en el abrupto litoral cantábrico, en las antiguas charcas de Piles, hoy saneadas, con pintorescos jardines. Se ha conservado el cauce del agua, que lo atraviesa.

• A Pie

El barrio de Cimadevilla —el Gijón antiguo y romano— se levanta sobre la ladera del monte de Santa Catalina, con calles estrechas y pequeñas, viejas casas, bares y mucha actividad. El promontorio está coronado por una escultura de Chillida. Reclaman admiración y visita la Fábrica de Tabacos, la Casa de los Navas, Capilla de los Remedios, Museo-Casa Natal de Jovellanos, con la pinacoteca «Retablo del Mar», Archivo Municipal, Plaza Mayor, Ayuntamiento, Palacio Valdés-Capilla del Ángel, Termas y ruinas romanas, Monumento a César, iglesia de San Pedro, Capilla de las Soledad, Bajovilla-Palacio de Revillagigedo, Colegiata de San Juan Bautista, Monumento a Don Pelayo, Palacio de los Jove-Hevia, Conjunto de la Trinidad-Museo Barjola, Monumento a Jovellanos, Real Instituto Asturiano, Museo Nicanor Piñole, Parque del Inglés, Museo-Fundación Evaristo Valle…

• En Coche

Uno de los puntos de referencia turísticos de mayor interés desde Gijón es Oviedo, la capital del Principado. Entre tantos atractivos como tiene Oviedo, hay que reseñar la Catedral con el panteón de los Reyes, Cámara Santa y el Apostolado, Arca Santa, Cruces de la Victoria y de los Ángeles, palacios del Conde de Toreno, Velarde, Camposagrado, San Feliz y Llanes, la universidad, Museo de Bellas Artes, Fuente Foncalada, Casa Consistorial, Palacio de la Rúa y Plaza Mayor. En sus alrededores reclaman una visita las cuevas prehistóricas del Candamo, el Pindal y la extraordinaria del «Tito Bustillo». Ejemplos representativos del estilo prerrománico asturiano, arte sin precedente en la historia, son el palacio de Santa María del Naranco y los templos de San Miguel de Lillo, Santullano de los Prados, San Pedro de Nora, San Pedro de Teverga y Santa Cristina de Lena… Este estilo en sus principales monumentos ha sido privilegiado con el título de Patrimonio de la Humanidad.

Aspecto del Parador de Gijón.

Oferta gastronómica
Fabada, «compangu», pote, «fabes» con almejas, chopa a la sidra, caldereta de pescado de roca y marisco, cachopo asturiano, solomillo hojaldrado, bocartes al ajillo, lubina con «llampares», cabrito con «patatines», besugo a la espalda, rape con «bugre», ventrisca de bonito, merluza a la asturiana, «pixín» al verde, «frixuelos», bizcocho de higos blancos, charlota, arroz con leche, quesos asturianos, torta gijonesa, milhojas a la miel de caña, «suspiros», «carbayones», «cassadielles», «marañuelos», sidra.

- Gijón en las épocas romanas y visigótica fue conocida como «Gigia» y durante algún tiempo también fue residencia de los reyes de Asturias.
- La Cámara Santa de Oviedo fue construida en el siglo IX por Alfonso II para guardar un arca que contenía reliquias traídas de Toledo. Se conservan las más insólitas reliquias.
- El sepulcro de Gaspar Melchor de Jovellanos se halla en la actualidad en la Capilla de los Remedios de Gijón.
- En el Museo-Casa Natal de Jovellanos hay también una sala que contiene los objetos y obras de arte del Premio Nobel de Medicina, el luarqués Severo Ochoa.

PARADOR DE GRANADA «SAN FRANCISCO»

Real de La Alhambra, s/n
18009 GRANADA

Conviene Saber

☎ 958 221 440
Fax: 958 222 264
granada@parador.es
Localización: palacio-convento cerca de la Alhambra
Categoría: ****
Precio: habitación doble 29.500-33.000 pta

Desayuno: 1.600 pta
Comida/Cena: 3.700 pta
Habitaciones: 34 dobles, 1 con salón
Instalaciones: aire acondicionado, salón de convenciones, teléfono, bar, restaurante, terraza sobre la Alhambra, jardín
Tarjetas de crédito: AE, DC, EC, MC, V

¿Cuál es y a qué responde el nombre del Parador de Granada?

Se denomina «San Francisco» por estar ubicado en un antiguo convento franciscano fundado por los Reyes Católicos, inmediatamente después de conquistar la ciudad, en cumplimiento de un voto de la Reina. Está enclavado en el recinto de la Alhambra, «Patrimonio de la Humanidad».

¿Cuál es la historia de este convento?

Los Reyes Católicos lo asentaron sobre una mezquita y palacio árabe con jardín y con baños, que había sido reconstruido entre los años 1332 y 1364 por el sexto rey nazarita de Granada, Jusuf I. La Capilla Mayor de la iglesia sirvió de enterramiento para los cuerpos de Isabel y Fernando, los Reyes Católicos, hasta su traslado a la Capilla Real de la catedral de Granada. El Parador es uno de los más bellos e impresionantes de España.

¿Qué significa 'Alhambra' y qué hay que admirar en este fabuloso núcleo fortificado, sorprendente en todo el mundo?

'Alhambra' significa 'castillo rojo' por la arcilla roja utilizada en su construcción. Es una de las obras más notables que ha realizado la mano del hombre. En ella hay que admirar palacios nazarís, el Mexuar, Patio de los Arrayanes, Torre de Comares, Sala de la Barca, Salón de Embajadores, Sala de los Abencerrajes, Patio de los Leones, Sala de los Reyes, Palacio de Carlos V, y los museos que allí se ubican…

• A Pie

El Generalife fue la residencia estival de los monarcas nazarís y se caracteriza por sus espléndidos jardines y sus fuentes como protagonistas, así como por las vistas que desde él se contemplan. La catedral de Santa María de La Encarnación es toda ella un museo. Es grandiosa su Capilla Mayor. Mariana Pineda y Alonso Cano están enterrados en el panteón del centro de la nave. Adosada a la Catedral se halla la Capilla Real y en ella están enterrados los Reyes Católicos, doña Juana la Loca y Felipe el Hermoso. Hay que admirar además en Granada la Cartuja y su sacristía, la iglesia de San Juan de Dios, el Monasterio de San Jerónimo, Baños Árabes «El Bañuelo», Hospital Real, Sacromonte, el barrio del Albaicín, Corral del Carbón, Casa-Museo de Federico García Lorca, Casa-Museo de Manuel de Falla, Casa de los Pisa, Alcaicería, Plaza de Bib Rambla, universidad, Puerta de Elvira…

• En Coche

Una, entre tantas, de las más atractivas ofertas turísticas desde el Parador de Granada se concentra en la comarca de las Alpujarras, cuya principal originalidad se basa en su situación geográfica, al pie del pico del Mulhacén y de una línea continua de cumbres próximas a los 3.000 metros de altitud, pero orientada al mediodía y cercana por su latitud a Marruecos. Al ser zona de montaña de difícil acceso ha conservado su carácter tradicional. Éstos son algunos de sus pueblos y puntos de referencia: Orgiva, Lanjarón, Cueva Sortes, Soportujar, Pampaneira, Bubión, Capileira, Pártugos, Trévelez, Joviles, Medina Bombarón, Cuestas de las Viñas, Yegen, Válor, Mairena, Laroles, Ugíjar… Los productos artesanales, los paisajes, las tradiciones… son atractivos de valor excepcional en la oferta turística.

Sala del Parador.

Oferta gastronómica
Tortilla del Sacromonte, habas con jamón de las Alpujarras, cordero lechal al cilantro, lomo de cordero con hongos, revueltos de ajete y jamón, entrecó Torres Bermejas, codillo, rabo de toro, perdiz estofada, cordero al estilo de la Cartuja, solomillo nazarí, dulces de los conventos granadinos, cuajada carnaval, piononos de Santa Fe, marquesa de chocolate, pastel de hojaldre relleno de crema mozárabe, ron de caña de Motril, vinos de la Alpujarra…

• Granada fue fundada por los túrdulos y aparece citada en el siglo V a. C. con el nombre de «Elibyrge». Su nombre romano fue «Ilibris».
• En la oferta artesanal de Granada resaltan el repujado del cuero, cobre cincelado, cerámica —fajalauza—, tejidos alpujarreños, instrumentos musicales, sobre todo, guitarras, taracea.
• La carretera que asciende a la cumbre del Veleta es la más alta de Europa.
• Con las siguientes palabras ordenó Isabel la Católica en su testamento ser enterrada en el Convento —hoy Parador— de San Francisco: «E quiero e mando que mi cuerpo sea sepultado en el monasterio de Sant Francisco, que es en la Alhambra de la ciudad de Granada, seyendo de religiosos e religiosas de dicha Orden, bestida con el habito… en una sepultura baxa que no tenga bulto alguno, salvo una losa en el suelo, llana, con sus letras esculpidas en ella».

PARADOR DE GREDOS

Carretera Barraco-Béjar, km 43
05132 Gredos ÁVILA

Conviene Saber

☎ 920 348 048
Fax: 920 348 205
gredos@parador.es
Localización: montaña
Categoría: ***
Precio: habitación doble 11.500-13.500 pta
Desayuno: 1.300 pta

Comida/Cena: 3.500 pta
Habitaciones: 71 dobles, 3 individuales, 2 con salón
Instalaciones: calefacción, bar, restaurante, salón de covenciones, ascensor, garaje, jardín, teléfono, tenis
Tarjetas de crédito: AE, DC, EC, MC, V

¿En qué lugar se ubica el Parador de Gredos?

Se ubica en la Sierra de Gredos, que forma el llamado Sistema Central, en Navarredonda de Gredos, provincia de Ávila, a 1.500 metros de altitud. El nombre de 'Gredos' parece provenir de una raíz céltica que significa 'blancura de nieve'.

¿Cuál es la historia del Parador de Gredos?

Su estratégico emplazamiento fue elegido expresamente por el rey Alfonso XIII en 1926. Fue inaugurado con su presencia en 1928 y ostenta el privilegio de ser el primero en el tiempo de la red de Paradores de España. La construcción se debe al entonces Comisario Regio de Turismo, el Marqués de la Vega Inclán.

¿Qué le aportó este Parador a la historia moderna de España?

En una de sus dependencias, concretamente en el llamado «Salón del Silencio», se reunieron los «padres» de la última Constitución española del año 1978 para la redacción de la misma. Personajes ilustres se han alojado en este Parador, atraídos fundamentalmente por el deporte de la caza.

• A Pie

El Parador de Gredos proporciona una excepcional oferta de naturaleza. Gredos constituye una de las reservas ecológicas más interesantes de España tanto por su paisaje como por su flora y fauna. Destacan por su grandiosidad e impresionante belleza natural el pico Almanzor con sus 2.700 metros, la zona de la Laguna Grande y las Cinco Lagunas, el contrafuerte de El Morezón con sus 2.400 metros, la Portilla de los Machos, el Cuchillar de las Navejas, los Hermanitos de Gredos, los Galayos... En relación con el ocio y el deporte, Gredos da opción a la práctica de numerosos deportes relacionados con la naturaleza —excursiones a pie, a caballo, montañismo...—, así como a la pesca y la caza. La Reserva Nacional de Gredos ofrece abundante número de truchas para la pesca y, por supuesto, para la caza, de «capra hispanica». Se trata de una cabra montés, una subespecie de la casi extinguida «capra pyrinaica», que alcanza una alzada en la cruz de 70 centímetros y tiene un cuerpo esbelto y robusto. El Coto Nacional del Tormes es su «hábitat» predilecto. Puede saltar más de cuatro metros longitudinalmente.

• En Coche

Arenas de San Pedro, antesala de Gredos, conserva en su castillo el recuerdo de la Triste Condesa, doña Juana de Pimentel, esposa de don Álvaro de Luna, que permaneció en él después de la ejecución de su marido en Valladolid en 1453. El castillo fue construido por el condestable don Ruy López Dávalos en el siglo XIV. La iglesia parroquial es gótica. De Ventura Rodríguez es el palacio del infante don Luis Antonio de Borbón, que vivió en Arenas desde 1778. En él pasaron algunas temporadas Goya y Boccherini. El santuario de San Pedro de Alcántara, a tan sólo tres kilómetros, alberga los restos de este santo. En su obra intervinieron Ventura Rodríguez y Francisco Sabattini. La Cueva del Águila o de Romperropas es el principal atractivo turístico. Cuevas del Valle, Monteltrán, Candeleda, Pedro Bernardo y la calzada romana del Puerto del Pico reclaman la atención del viajero. En El Barco de Ávila resaltan la iglesia gótica de la Asunción, el castillo de Valdecorneja y el puente románico sobre el Tormes, la Puerta del Ahorcado, la plaza de las Acacias y la ermita del Cristo del Caño. Por supuesto que sus alubias tienen merecidamente Denominación de Origen.

• De la Sierra de Gredos escribió don Miguel de Unamuno, entre otras cosas: «Santa Montaña, roca desnuda, corazón de España».

• Del pico Almanzor se ha dicho que es «la más alta torre de Castilla».

• La calzada romana del Puerto del Pico, en bastante buen estado de conservación, es utilizada todavía por los pastores como paso de ganado trashumante.

Exterior del Parador de Gredos.

Oferta gastronómica

Patatas al caldero, patatas revolconas, judías del Barco, ternera del Valle de Amblés, gazpachos al «rin-ran», migas canas, picados de morcilla y chorizo, fritos a la sartén, sopas de cachuela, cabrito al caldero, papas machacadas, sopas de moraga, quesos frescos de cabra. La «angélica» es licor propio de la zona. Yemas, limonada con vino, frutas y azúcar. Buenos son los vinos de Cebreros, El Tiemblo y Pedro Bernardo.

Parador de Guadalupe «Zurbarán»

Marqués de la Romana, 12
10140 Guadalupe CÁCERES

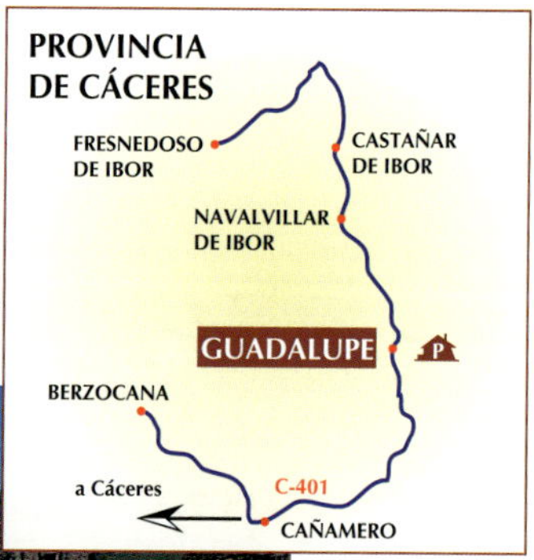

Conviene Saber

☎ 927 367 075
Fax: 924 367 076
guadalupe@parador.es
Localización: convento en la ciudad
Categoría: ****
Precio: habitación doble 12.500-13.500 pta

Desayuno: 1.300 pta
Comida/Cena: 3.200 pta
Habitaciones: 40 dobles, 1 con salón
Instalaciones: bar, restaurante, calefacción, ascensor, teléfono, jardín, garaje, piscina, tenis
Tarjetas de crédito: AE, DC, EC, MC, V

¿A qué responde el nombre del Parador de Guadalupe?
Responde al nombre del «pintor de monjes y santos» extremeño, Francisco de Zurbarán, nacido en Fuente de Cantos en 1598 y muerto en Sevilla en 1664. Sus cuadros resaltan por su fuerza cromática y por la severidad de su naturalismo.

¿Cuál es la historia del edificio en el que está instalado el Parador?
Se encuentra en el antiguo Hospital de San Juan Bautista, fundación del Padre Fernando Yáñez, prior del Monasterio de Guadalupe, para atender a los peregrinos, y en el Colegio de Infantes. Los dos edificios datan del siglo XV.

¿Cuál es la historia del Monasterio de Guadalupe?
Al pastor Gil Cordero se le apareció la Virgen entre los años 1311 y 1322, y su imagen fue escondida durante la invasión sarracena a orillas del río Guadalupejo, que significa 'río escondido' o 'río del lobo'. Los reyes de España se interesaron bien pronto por los múltiples milagros de la imagen, y Alfonso XI mandó construir una iglesia el 29 de octubre de 1340.

• A Pie

Hay que visitar y admirar el monasterio «patrimonio de la Humanidad», edificio gótico-mudéjar de gran amplitu y belleza. Es un conjunto guerrero y monacal, mezcla de templo, alcázar y fortaleza. En él destacan la fastuosa fachada con puertas de bronce repujado, la reja de la Capilla Mayor, el camarín de la Virgen, la Capilla de las Reliquias, el claustro mudéjar, el patio de los naranjos, templete gótico, escalera plateresca, oratorios, sepulcros reales... Hay cuadros de Juan de Flandes, Zurbarán, Lucas Jordán, Vicente Carducho, Carreño... Resaltan la biblioteca, diversos museos con miniaturas y ornamentos sagrados, ternos de oro y piedras preciosas, archivos... Hay que callejear por la Puebla y admirar la casa de Gregorio López, el Colegio de Gramática, portada de la Iglesia nueva y toda su arquitectura popular.

• En Coche

A pocos kilómetros, y sobre la plataforma natural formada por los valles de Valdegracias y del Infierno, está la Granja de Mirabel, usada como lugar de recreo por los Reyes Católicos y sus hijos. Se trata de un conjunto mudéjar con añadidos barrocos del siglo XVII. Al sur de Guadalupe está la Granja de Valdefuentes, que sirvió para idénticos cometidos de reyes y monjes. Predominan los elementos mudéjares y renacentistas, destacando el taujel mudéjar, con notable calidad artística que cubre la capilla. Toda la Sierra de las Villuercas, así como la de los Ibores, es meta obligada para excursiones de contenido ecologista. Berzocana conserva las reliquias de San Fulgencio y Santa Florentina.

• Por sus múltiples relaciones de la advocación de esta Virgen con América, con todo merecimiento puede ser y es denominada «Reina de la Hispanidad». Los Reyes Católicos visitaron repetidamente este Monasterio y en él formaron dos reales sobre-cartas para que «les fueran entregadas a Colón las consabidas carabelas y tripulantes que le acompañen». Colón visitó varias veces el Monasterio, y en la fuente de su plaza, el día 24 de julio de 1496, se bautizaron los dos primeros indios en España, a los que se les impusieron los nombres de Pedro y Juan.

• En 1580 Cervantes donó a la Virgen las cadenas de su cautiverio en Argel.

• La sacristía del Monasterio resalta artísticamente, dado que, construida entre los años 1636 y 1645, muestra la única colección pictórica de Francisco de Zurbarán que permanece en su lugar de origen: ocho grandes lienzos que representan episodios de la vida de monjes jerónimos que vivieron aquí en el siglo XV y tres que representan pasajes de la vida de San Jerónimo.

• El nombre de Guadalupe está repetido en más de 200 templos de la cristiandad en el mundo católico y cientos de miles de creyentes llevan este nombre extremeño.

Patio del Parador.

Oferta gastronómica
Caldereta de cordero, morcilla de berzas y calabaza, picadillo de carne, pestorejo, sopa de arroz cacereña, bacalao monacal, pincho mudéjar, pollo a lo Padre Pedro, sopa dulce, roscas de muérdago, pudin de castañas, licor de gloria...

PARADOR DE EL HIERRO

Las Playas, s/n
38900 SANTA CRUZ DE TENERIFE

Conviene Saber

☎ 922 558 036
Fax: 922 558 086
hierro@parador.es

Localización: plaza del casco antiguo
Categoría: ***
Precio: habitación doble 15.500-16.000 pta

Desayuno: 1.300 pta
Comida/Cena: 3.500 pta
Habitaciones: 47 dobles
Instalaciones: bar, restaurante, teléfono, calefacción, piscina, aire acondicionado en comedor
Tarjetas de crédito: AE, DC, EC, MC, V

¿En qué lugar se halla el Parador denominado «El Hierro»?

En la isla de El Hierro, en el archipiélago canario, cerca de la capital, Valverde, y también próximo al Puerto de la Estaca, principal y pintoresco puerto de arribo a esta isla.

¿Cuáles son algunas de las características principales de la isla de El Hierro?

Es la isla habitada más pequeña del archipiélago, con sólo 287 km². La montaña más alta es Malpaso, de 1.500 metros. Es la más occidental de las islas Canarias y, antes del descubrimiento de América, fue tenida como el extremo del mundo. Cuenta con muchos conos volcánicos.

¿Cuáles fueron los aborígenes de la isla de El Hierro?

Fueron los bimbaches, descritos por los cronistas como «hermosos y hermosas y de talla mediana». Salvo el rey, todos eran iguales en casta y linaje. Se han encontrado signos emparentados con la llamada escritura líbico-bereber en El Julán y en La Caleta. Curiosamente, los aborígenes antiguos no conocían la guerra y fueron conquistados para Castilla por Juan de Bethancourt en 1405.

• A Pie

Santa María de Valverde o Valverde es la única capital canaria que está ubicada tierra adentro. La iglesia parroquial está dedicada a la Concepción. La Plaza del Ayuntamiento luce balaustrada y mirador. La Biblioteca Municipal, el Museo Insular y el Museo «Juan Padrón» merecen la atención cultural del turista. En los alrededores de Valverde hay que visitar el Mirador de las Pernadas, el santuario de San Lázaro y Tiñor, en cuyas cercanías estuvo el árbol sagrado o «Gároe», que destilaba agua y al que destrozó un rayo o un huracán en el siglo XVII. Hay quien asegura que su nombre «hero» —«Eceró» o «Esseró» de los aborígenes, 'fuente'— fue lo que le dio denominación a la isla. Hoy en Tiñor pueden verse los restos de las charcas o albercas en las que se recogía el agua que condensaban las hojas del árbol, parecidas a las del laurel, y destilaba su copa.

• En Coche

Cerca de Tamadusta se halla la cueva de los guanches. En algunas rocas de La Caleta hay inscripciones líbico-bereberes. El patrón de Puerto Estaca es San Telmo. En Mocanal hay que ver la Cruz del Calvario y la Iglesia de San Pedro. El Mirador de la Peña en Guarazoca fue diseñado por César Manrique. Los Roques de Salmor se hicieron célebres por sus gigantescos lagartos. El Mirador de Izique y el de Jinama son puntos de atracción de San Andrés. El de las Playas lo es en Isora. Centenarios pinos acogen al turista en El Pinar. El Mar de Calmas se halla plácidamente en La Restinga. Frontera es pueblo importante en la isla. Es muy famoso su vino. Hay que ver el santuario de Nuestra Señora de la Candelaria. En Tigaday son muy ricas sus piñas tropicales. En Sabinosa hay aguas termales procedentes del llamado Pozo de la Salud. La ermita de Nuestra Señora de los Reyes, patrona de la isla, se encuentra a 34 kilómetros de Valverde. La punta más occidental de España es Faro Orchila. Allá, por última vez, las naves de Colón vieron tierra española. Desde Ptolomeo —años 100-170— el meridiano «cero» se hizo pasar por las islas Afortunadas y más concretamente por este lugar.

• De los antiguos lagartos de Salmor —«Lacerta Simonyi»— se dice que eran «tan grandes como gatos» y sobrepasaban el medio metro. Se extinguieron en 1975.

• Parece ser que la imagen de la patrona de la isla, la Virgen de los Reyes, fue encontrada en el mar, procedente de un barco que se dirigía a Cuba. Su romería data del siglo XVIII y en ella cada noche duerme la Virgen en una parroquia distinta.

Iglesia de la Concepción en Valverde.

Oferta gastronómica
Viejas sancochadas con papas arrugás y mojo, cazuela de mero, quesadilla herreña, ensalada de frutas y queso de la isla, potajes de cardos, morena en salmorejo, mojos, rancho canario, chocos asados, morenas, queso de cabra y de oveja, chicharrones, arrope, fruta tropical, vino herreño.

PARADOR DE HONDARRIBIA «EL EMPERADOR»

Plaza de Armas, 14
20280 Hondarribia GUIPÚZCOA

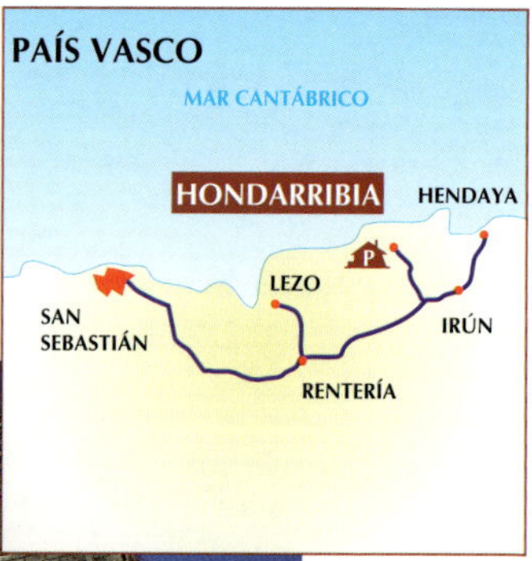

Conviene Saber

☎ 943 645 500
Fax: 943 642 153
hondarribia@parador.es
Localización: castillo en el litoral
Categoría: ***

Precio: habitación doble 15.000-19.000 pta
Desayuno: 1.300 pta
Habitaciones: 32 dobles, 4 individuales
Instalaciones: bar, calefacción, teléfono
Tarjetas de crédito: AE, DC, EC, MC, V

¿Cuál es y a qué responde el nombre del Parador de Hondarribia?

Cuenta la leyenda que la austera fortaleza sobre la que se asienta este Parador fue construida en el siglo X por el rey Sancho Abarca de Navarra, aunque fue el emperador Carlos V quien le dio su estructura actual, reformando su arquitectura. De ahí el nombre de «El Emperador».

¿Cuál es la historia de este Castillo-Palacio Real-Parador?

En su residencia real habitaron personalidades como doña Juana la Loca, Carlos V, los reyes Felipe III y Felipe IV, la reina Isabel de Valois, Isabel de Borbón, Leonor de Austria, esposa de Francisco I de Francia, Ana y María Teresa de Austria, esposas de Luis XII y Luis XIV, respectivamente, etc. Entre sus sitios o cercos más famosos destaca el que fue protagonizado por Francisco I de Francia, reconquistado después por las tropas españolas del condestable don Íñigo Fernández de Velasco, así como el asedio, también de las tropas francesas, en 1638, y en el que tanta intervención tuvo su alcalde Diego Butrón, que lo levantó el 7 de septiembre.

¿Qué recuerdo se conserva de este hecho tan glorioso?

La «Fiesta del Alarde», que se celebra todos los años, conmemora este victorioso hecho. Puede verse el aljibe que abastecía de agua la guarnición militar. También pueden contemplarse picas, lanzas, estandartes y armaduras, y el Gran Salón con tapices sobre pinturas de Rubens.

• A PIE

Casas solariegas de Eguiluz, Mugarrieta, Zuloaga, Ladrón de Guevara, Casadevante, Casona de Butrón, torre medieval de Echereste, Casa Consistorial, calles de Pampinot, San Nicolás Mayor o Tiendas... La Parroquia de Nuestra Señora de la Asunción y del Manzano es de estilo gótico, y en ella el ministro español don Luis de Haro se casó por poderes, en nombre de Luis XIV, con la infanta española María Teresa de Austria, el día 3 de junio de 1660. La puerta de Santa María, abierta en las murallas, del siglo XV, está decorada con el escudo de Hondarribia y dos ángeles que veneran a la Virgen de Guadalupe. En la margen izquierda del estuario del Bidasoa se extiende el barrio de la Marina, con sus típicas viviendas de «arrantzales». Uno de los más bellos paseos es el faro y cabo de Higuer, pasando junto al castillo de San Telmo. En la ladera del Jaizkibel se halla el santuario de la Virgen de Guadalupe, ermita de San Marcial. En la Isla de los Faisanes se firmó el célebre Tratado o Paz de los Pirineos, en 1669.

• EN COCHE

Los puntos de referencia son muchos. Irún con el palacio de Arbelaiz, la casa solar de Beraun, y el templo de Santa María del Juncal. Pasajes conserva su arquitectura popular glosada por Víctor Hugo en su libro *Alpes y Pirineos.* Merecen ser contemplados la basílica del Santo Cristo de Bonanza y el castillo de Santa Isabel. En Oyarzun hay que deleitarse ante su precioso valle que se extiende a los pies de las Peñas de Aya, ante su iglesia de San Esteban de estilo gótico primitivo, así como ante la torre de Iturriotz. La parroquia de la Asunción de Rentería es realmente preciosa. En Lazo se halla la basílica de Santa Cruz, con la imagen célebre del Cristo de Lezo. Su iglesia de San Juan Bautista es del siglo XVI. San Sebastián —Donosti— es la pulcra, elegante y cosmopolita capital de Guipúzcoa, con su bahía de la Concha y con multitud de atractivos turísticos.

• Hondarribia, Fuenterrabía en castellano, quiere decir 'arenal del río' o 'lugar arenoso'.

• En el escudo de Hondarribia están presentes el navío con la ballena arponada, la sirena que levanta un espejo y un tritón que lleva en su mano una granada.

• La playa y los paisajes de Hondarribia fueron cantados por Pierre Loti y Pío Baroja. Ernesto Hemingway pescó frecuentemente salmones en el río Bidasoa. Don Miguel de Unamuno escribió en su destierro de Hendaia: «Jaizquibel, Cabo Higuer, Fuenterrabía/ mi humilde Bidasoa...».

Vista de Hondarribia.

Oferta gastronómica
Cocochas de merluza, angulas al pil-pil, merluza rellena de salmón o con setas, pudin de lubina, hojaldres de mariscos, escalope de bonito con salsa de pimientos de piquillo, rape con salsa de anchoas, arroz con leche, tartas y sorbetes, crema fría de chocolate, sidra, chacolí de Guetaria...

PARADOR DE JAÉN «CASTILLO DE SANTA CATALINA»

Parador de Jaén
23001 JAÉN

Conviene Saber

☎ 953 230 000
Fax: 953 230 930
jaen@parador.es
Localización: castillo sobre la ciudad
Categoría: ****
Precio: habitación doble 17.000 pta

Desayuno: 1.300 pta
Comida/Cena: 3.200 pta
Habitaciones: 37 dobles, 8 individuales
Instalaciones: aire acondicionado, calefacción, ascensor, teléfono, salón de convenciones, bar, restaurante, piscina
Tarjetas de crédito: AE, DC, EC, MC, V

¿Cuál es y a qué responde el nombre del Parador de Jaén?
Se llama «Castillo de Santa Catalina» por levantarse en la cima del cerro de Santa Catalina, en cuyo recinto hay una capilla dedicada a esta santa patrona en cuya festividad se conquistó la ciudad de Jaén.

¿Cuál es la historia del Castillo-Parador de Santa Catalina?
El alcázar-castillo es una edificación árabe —el antiguo «Abehuil»— del que se conservan textos de «El Idrisi» y del Rey Sabio. Fue levantado por el nazarita rey Almar, el mismo que construyó la Alhambra de Granada. Fue conquistado por Fernando III el Santo en 1246.

¿Qué es lo que más hay que admirar en el Castillo-Parador de Jaén?
El Parador está magníficamente integrado en el castillo, con salones muy «medievales», y desde él se divisan vistas preciosas de la ciudad de Jaén y sus interminables y plateados campos de olivos, así como la Sierra de Jabalcuz. En el castillo hay que admirar el Patio de Armas, la Torre del Homenaje y la capilla de Santa Catalina.

• *A Pie*

Hay mucho que ver en Jaén. Sobresale su Catedral, con gigantesca fachada de dos pisos enmarcada en torres cuadradas. Andrés de Vandelvira, el más representativo arquitecto del renacimiento andaluz, fue el autor del proyecto. En su Capilla Mayor se guarda la sagrada reliquia del Santo Rostro, con la que la Verónica limpiara el rostro de Cristo. Por eso, al reino de Jaén se le conoce como el «Reino del Santo Rostro». Son importantes la Sacristía, el Museo y la sillería del Coro. Otros monumentos de Jaén son los siguientes: Museo Provincial, iglesia de San Bartolomé, fachada de las Carnicerías, Monasterio de Santa Clara con la imagen del Cristo de Bambú, Santa Capilla de San Andrés, Fuente Monumental de Arrabalejo, Fuente del Raudal de la Magdalena y su famoso lagarto, iglesia de la Magdalena, Hospital de San Juan de Dios, Real Convento de Santo Domingo, Palacio del Condestable don Lucas de Iranzo, Palacio de Villardompardo con los baños árabes, Museo de Artes y Costumbres Populares y Museo de Arte *Naïf*, iglesia de San Ildefonso, con portada de Vandelvira.

• *En Coche*

Los antecedentes de La Guardia de Jaén se remontan al neolítico y son interesantes su iglesia parroquial, obra de Andrés de Vandelvira, su fortaleza árabe y convento de Dominicos del siglo XVI. En Cerrillo Salido hay una necrópolis visigótica. Por Juan de Herrera fue diseñada la iglesia renacentista de Mancha Real, cuya torre fue terminada por Ventura Rodríguez. Pegalajar es villa de fundación árabe y posee una bella iglesia del siglo XVIII. En Torredonjimeno destacan la parroquia de San Pedro, renacentista, la iglesia gótica de Santa María, su castillo y el palacio municipal renacentista, con su «loggia». Martos es la antigua «Tucci» ibérica, citada por Estrabón, y fue colonia romana y hasta obispado. Desde su peña fueron arrojados los hermanos Carvajal por orden de Fernando IV. Destacan su iglesia de Santa Marta, del siglo XV, con el sepulcro de los Carvajales, la Cruz del Lloro y el Pilar de la Fuente Nueva. El balneario de Baños de Jabalcuz, situado junto a un cerro calizo, ofrece vistas preciosas hacia los cañones de Quiebrejano, y las sierras de la Pandera, Pegalajar y Mágina, con el pico de Almadén.

• Jaén, —la «Geen» cartaginesa y romana—, significa 'camino de caravanas'.

• En el Monasterio de Santa Teresa de Jaén se conserva una de las copias manuscritas del *Cántico Espiritual* de San Juan de la Cruz.

• El capítulo festivo de las romerías es muy amplio en Jaén: romería del Cristo del Arroz, de la Virgen Blanca, de Santa Catalina, de la Virgen de la Cabeza...

Aspecto del Parador.

Oferta gastronómica

Participa de la picante y colorista gastronomía andaluza y de la sobriedad manchega. Destacan sus platos de pipirrana, espinaca al estilo de Jaén, menestra jienense, lengua estofada con piñones, pierna de cabrito, así como todo el menú de la «Cena Jocosa», pescado con salsa de patatas al estilo de Sierra Morena, «gusanillos», «ochíos», tortas de manteca, rosquillas de garbanzos, pudin de arroz con leche, natillas... El resolí o resol ya se degustaba en el siglo XV.

Parador de Jarandilla de la Vera «Carlos V»

Avenida García Prieto, 1
10450 Jarandilla de la Vera CÁCERES

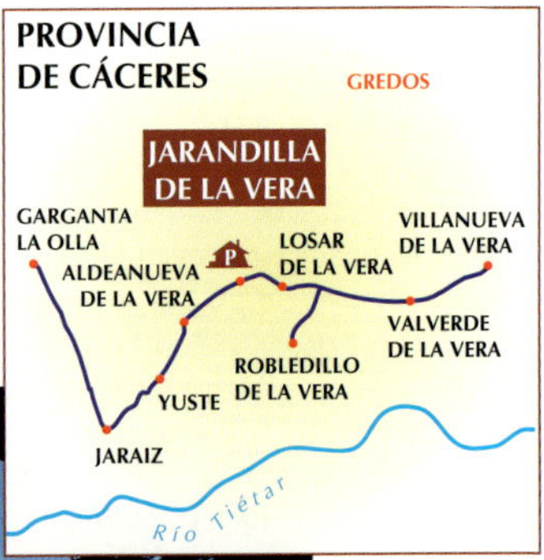

Conviene Saber

☎ 927 560 117
Fax: 927 560 088
jarandilla@parador.es
Localización: castillo
Categoría: ****
Precio: habitación doble 15.000-17.500 pta
Desayuno: 1.300 pta
Comida/Cena: 3.700 pta
Habitaciones: 43 dobles, 10 individuales
Instalaciones: aire acondicionado, calefacción, restaurante, bar, salón de convenciones, piscina, jardín, aparcamiento, tenis, teléfono
Tarjetas de crédito: AE, DC, EC, MC, V

¿Con qué celebérrimo personaje se identifica este Parador de Turismo?

Lo hace con el emperador Carlos I de España y V de Alemania, soberano, además, del Nuevo Mundo y que permaneció hospedado en este castillo, propiedad de los Condes de Oropesa, desde el 12 de noviembre de 1565 al 3 de febrero de 1567.

¿Cuál es la historia de este Castillo-Parador de Jarandilla de la Vera?

Es una fortaleza construida por los Álvarez de Toledo, condes de Oropesa y marqueses de Jarandilla, de finales del siglo XIV y principios del XV, con plaza de armas cuadrada con galería, en piedra, de dos pisos: el bajo con arcos escarzanos y el superior con barandilla de tracería gótica y arcos campaneles. Toda la fortaleza está rodeada de murallas y bellas torres almenadas. Los jarandillanos dicen que «donde hay castillo, hay señores».

¿Por qué residió en este castillo el emperador Carlos V?

Dada la amistad que le unía con los Condes de Oropesa, después de abdicar de todos sus reinos, permaneció en este su castillo-fortaleza y alcázar hasta que se concluyeron las obras de un nuevo palacio en el monasterio de Yuste, expresamente construido para él.

• A Pie

En el pueblo de Jarandilla hay que ver y visitar la parroquia de Santa María de la Torre, del siglo XIV, llamada así por tener una en la cabecera. Es un edificio almenado que antiguamente sirvió de fortaleza a la Orden de los Templarios. Hay que admirar también la Plaza Mayor, con su fuente de granito. Su arquitectura religiosa queda completada con el convento de San Agustín y la ermita del Cristo. El 7 de diciembre se celebra la «Fiesta de los Escobazos». El paseo a pie por los alrededores del pueblo y la convivencia con sus habitantes constituye todo un placer turístico.

• En Coche

Entre tantas opciones viajeras, resalta la que hace recorrer la comarca cacereña de La Vera, a la que su privilegiado clima convierte en un verdadero vergel. Entre sus pueblos de gran sabor destaca Losar de la Vera, con su iglesia de Santiago, ermita del Cristo y garganta de Cuartos; Valverde de la Vera, con su picota gótica, castillo árabe y monumental iglesia de Fuentes Claras, con los sepulcros de los Condes de Nieva y sus «Empalaos». En Villanueva de la Vera merece ser contemplada su Iglesia de la Concepción, del siglo XVI, y su famosa fiesta del «Peropalo». En sus alrededores se encuentran las gargantas de Gualtamines y Minchones. Madrigal de la Vera se halla junto a la garganta Alardos. Destaca la iglesia de San Pedro. En Cuacos de Yuste resaltan su bonita plaza porticada, la Casa de Juan de Austria o de Jeromín y la iglesia de nuestra Señora de la Asunción, con su órgano construido en Amberes por encargo del emperador Carlos V. La Plaza de la Fuente de Cuatro Chorros y la porticada Plaza de España proporcionan sensaciones difíciles de olvidar. Muy cerca se encuentra el Monasterio Jerónimo de Yuste, última morada del emperador Carlos V, donde permaneció hasta su muerte en 1558. Palacio y monasterio constituyen un conjunto sobrio y silencioso emocionante. Aldeanueva de la Vera está marcada por las gargantas de Cuacos y de San Gregorio. Hay que visitar la iglesia de San Pedro, la casa del obispo Godoy y el puente romano. Garganta la Olla es un conjunto muy pintoresco y muy literario. Jaraíz de la Vera es célebre por su pimentón. Plasencia espera al visitante con toda su historia, arte, cultura, tipismo y monumentalidad.

• Uno de los visitantes más célebres del Parador de Jarandilla fue Charles De Gaulle, que arrojó un puñado de francos en la alberca en la que se refleja el broquel plateado de los Álvarez de Toledo, visitó y oyó misa en la parroquia de Santa María, durmió en la «suite» regia (chambre XII) de dos camas gemelas con doseles de color fucsia, presidida por un crucifijo de marfil, y visitó después el monasterio de Yuste, aunque no el palacio del Emperador.

• A la ermita de Belén acudían los monjes jerónimos en paseo de invierno, y es fama que junto a un viejísimo ciprés estaba sentado Carlos V la primera vez que vio en Yuste a su hijo don Juan de Austria.

Sala del Parador.

Oferta gastronómica
Los platos que degustó el general Charles De Gaulle en su estancia en el Parador fueron éstos: caldereta de cordero, pestorejo, queso de Plasencia, frutas de la Vera y mazapán.

PARADOR DE JÁVEA «COSTA BLANCA»

Avenida Mediterráneo, 7
03730 Jávea ALICANTE

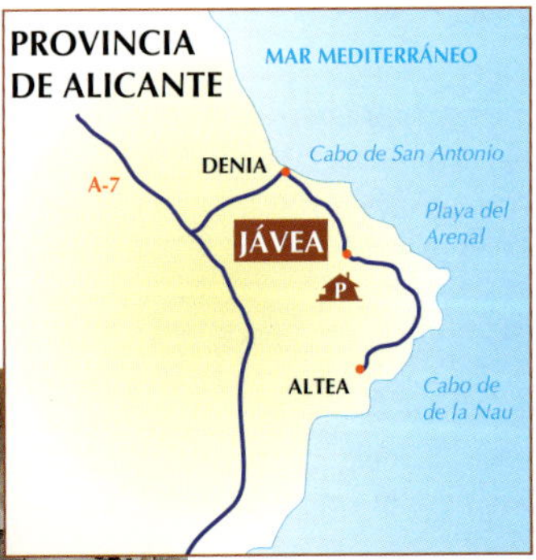

Conviene Saber

☎ 965 790 200
Fax: 965 790 308
javea@parador.es
Localización: playa
Categoría: ****
Precio: habitación doble 15.000-19.500 pta
Desayuno: 1.300 pta

Comida/Cena: 3.500 pta
Habitaciones: 65 dobles
Instalaciones: aire acondicionado, ascensor, calefacción, bar, restaurante, teléfono, salón de convenciones, jardín, piscina, garaje
Tarjetas de crédito: AE, DC, EC, MC, V

¿Cómo se denomina y a qué responde el nombre del Parador de Jávea?

Este Parador es denominado «Costa Blanca» precisamente por estar situado en uno de los lugares de la provincia de Alicante que con todo merecimiento ha hecho valer a toda la costa levantina el sobrenombre de «Blanca», hasta el punto de darle fama internacional.

¿Cuál es la historia de Jávea?

Es posiblemente uno de los poblamientos más antiguos de España y que además puede ser datado como tal. Este poblamiento pudo muy bien iniciarse en el Paleolítico superior, hacia el año 16500 a. C, que es el momento del que se tiene constancia de la presencia humana en la Cova del Montgó. Hacia el siglo V a. C. tuvo contacto con los pueblos iberos. Los romanos dejaron diversas huellas en Jávea, como en el tramo final del río Gorgos, la Punta del Arenal y la Séquia de la Nora. El poblamiento romano se continuó en la ciudad islámica de «Dianium».

¿Cuántos yacimientos arqueológicos están determinados en el término de Jávea?

Al menos un total de 33 yacimientos están catalogados en los alrededores de Jávea. Éstos son algunos de ellos: Cova del Montgó, Molins de la Plana, Cap de la Nau, Cova del Barranco de Migdia, Cova Negra, Santa Lucía, Coves Santes, Alt de las Capsedes, Cap Prim, Peny del Gurugú, Cova del Frare, Tossalet y Lluca…

• A Pie

Entre los monumentos más importantes de Jávea hay que reseñar su iglesia de San Bartolomé, que data del siglo XIV, aunque fue ampliada en el XVI en estilo gótico tardío valenciano, isabelino, almenada y con barbacanas. En su interior destacan las pilastras que separan las capillas laterales con nervaduras ascendentes hasta el techo. Luce el escudo del segundo Marqués de Denia y primer Conde de Lerma. El edificio del Ayuntamiento está construido sobre la antigua «Sala dels Jurats o Consell», del siglo XIV, y su fachada tiene hoy un cierto aire neoclásico. El Mercado de Abastos se levantó sobre lo que fue el «Convento de San Felipe Neri y Santa Mónica de la Orden de las Descalzas del Señor San Agustín», que fue fundado en 1663. La Casa Bolufer es de estilo lampedusiano. Merece especial atención la Casa Espinosa. El antiguo Hospital de San Agustín y Santa Ana fue erigido en 1502. En la antigua Casa de Antonio Banjuls, mayordomo del rey Felipe III, se ubica el Museo Arqueológico y Etnográfico Municipal. Contiene una valiosísima colección de restos arqueológicos, algunos de ellos con más de 20.000 años de antigüedad. Se expone una copia del importantísimo tesoro ibérico —el llamado Tesoro de Jávea— datado en el siglo II a. C. y que se halla en el Museo Arqueológico Nacional de Madrid. Es interesante una estela funeraria árabe. Es obligado visitar la modernista iglesia de Nuestra Señora de Loreto.

• En Coche

En sus 25 kilómetros de playa, resaltan estos puntos de referencia marítima: Playa del Arenal, Punta Arenas, Castillo de la Fontana, Séquia de la Noria, ermita de San Hermenegildo, Cruz del Portitxol, Cap Prim, cala de la Almadrava o Sardinera, con recuerdos del antiguo monasterio visigodo de San Gregorio de Tours, torre de San Martín, isla de Portitxol, cala de la Barranca, macizo del Cap Negre, Cabo de la Nao con su faro, torre-vigía, islote de Ambolo o del Descubridor, bellísima cala de la Granadella y su castillo, playas de Pope, la Grava, Berissero, Tangó, Barraca, Cala Blanca, Cala del Francés, Cala Jardinera, Pallars, Falsía, Cova des Orguens, de la Plata, Llop, Marí, La Tallá... La excepcional oferta de naturaleza se concentra sobre todo en el «Parque Natural del Montgó», impresionante promontorio rocoso. La Granadella es otra excepcional oferta de naturaleza, así como el Tossal Gros.

• El Consejo Mundial de la Salud de las Naciones Unidas ha recomendado la zona de la Plana de Jávea como lugar ideal para la vida humana por sus condiciones naturales de presión atmosférica, grado de humedad, temperaturas medias...

• El «riu-rau» tiene mucho que ver con la producción de uvas pasas, que fue una de las riquezas más impresionantes de esta zona en tiempos pasados.

• En el macizo del Montgó y en otros lugares cercanos es posible la práctica del senderismo.

Oferta gastronómica

Mariscos, sobre todo gambas y cigalas. Destaca el plato conocido como el «crudet». Arroz en paella «a banda», «negre» al horno, «amb fessols y naps», pasteles de carne, sobrasadas, «figatell», embutido «bull amb ceba», «coques amb pebrera i tomata», salmón a la pimienta rosa, silla de cordero a la mostaza, dorada, mejillones gratinados al vino blanco, sorbetes, turrones, peladillas, buñuelos, uvas pasas, pastelillos de viento, tortas de monjas, mistela, horchata...

PARADOR DE SAN SEBASTIÁN DE LA GOMERA

Parador de San Sebastián de La Gomera
38800 S. S. de La Gomera ISLA DE LA GOMERA

Conviene Saber

☎ 922 871 100
Fax: 922 871 116
gomera@parador.es
Localización: litoral
Categoría: ****
Precio: habitación doble 17.500 pta
Desayuno: 1.300 pta

Comida/Cena: 3.500 pta
Habitaciones: 56 dobles, 2 con salón
Instalaciones: bar, restaurante, aire acondicionado en comedor, teléfono, jardín, piscina
Tarjetas de crédito: AE, DC, EC, MC, V

¿Cuál es y a qué responde el nombre del Parador de San Sebastián de La Gomera?

Se denomina «Conde de La Gomera», está enclavado en el llamado «Lomo de la Horca» en San Sebastián de La Gomera y su nombre responde a don Fernán Peraza «el Viejo» y «el Joven», padre e hijo-conde y señor de La Gomera y de El Hierro.

¿De dónde puede proceder el nombre de La Gomera?

Son varias las hipótesis. Unos aseguran que procede de alguna tribu bereber. El mismo Nebrija refirió que con tal nombre de «gomeros» o «gomeritas» se hacía referencia a unos habitantes de los montes de Mauritania. Los más amigos de las leyendas hacen derivar el nombre de «Gomer», hijo de Japhet, descendiente del bíblico Noé.

¿Algunos datos característicos de la isla de La Gomera?

Esta isla canaria, de 28 km por 20 y en forma circular, tiene 373 km^2. El pico más elevado es el alto de Garajonay, con 1.487 metros de altitud. Su orografía es extremadamente abrupta. Fue visitada repetidamente por los mallorquines en la Edad Media y fue conquistada para la Corona de Castilla por Juan de Bethencourt.

• A Pie

San Sebastián es un buen puerto natural y esto explica su importancia ya desde el siglo XVI. Los principales monumentos a visitar y admirar son La Casa de Ruíz de Padrón, la ermita de San Sebastián con elementos góticos. En la llamada Casa de Colón parece ser que vivió éste antes de su salida hacia América. En la iglesia de Nuestra Señora de la Asunción, de principios del siglo XVI, es fama que rezara y oyera misa Cristóbal Colón antes de partir hacia América. El edificio del Cabildo insular está decorado con pinturas relativas a la romería de San Juan. La Torre del Conde o de los Peraza, de mediados del siglo XV, es de estilo gótico y en ella se guardaron tesoros traídos por los galeones procedentes de las Indias. Beatriz de Bobadilla fue uno de sus habitantes ilustres. Desde el Cristo de la Gomera hay una buena vista panorámica.

• En Coche

Los puntos de destino turístico son múltiples en la isla de La Gomera. Hermigua con su Valle Alto y Valle Bajo, templo parroquial de la Encarnación, iglesia de Santo Domingo y el pueblo de El Palmar. El Parque Nacional de Garajonay tiene unas 4.000 Ha y su parte más frondosa es el «Bosque de El Cedro». Está considerado como «Patrimonio de la Humanidad». Contiene hermosos ejemplares de laurisilva, única en todo el mundo. Crecen también el laurel, viñátigos, barnusanos, el «follao», fósiles vegetales de la era terciaria. Los llamados «roques» o chimeneas volcánicas tienen gran capacidad de atracción turística. Agulo fue fundado por Juan Hurtado de Mendoza. En Vallehermoso, bajo el «Roque El Cano», se cultivan plataneras, tomateras y se extrae la miel de la palma, con la que se aderezan las frutas tropicales. Merece ser visitada su iglesia de San Juan Bautista. Los Organos son paredes acantiladas de más de ochenta metros de altura. El Valle Gran Rey celebra de modo especial el día de los Reyes Magos. Playa de Santiago, Arure, El Cercado, Chipude, La Rajita, Alajeró... son otros lugares turísticos de interés viajero...

Piscina del Parador.

Oferta gastronómica
Cazuela típica de pescado, potaje de berros, parrilladas, rancho canario, mojo y garbanzas, miel de palma, leche asada, dátiles, frutas tropicales, vinos gomeros.

• La tradición cuenta que a Fernán Pedraza, hijo, señor de La Gomera y de El Hierro, los gomeros lo sorprendieron en una cueva con una de sus amantes y fue muerto por Hautacuperche. Se dice que su viuda fue la bella Beatriz de Bohadilla, que encerrada en su torre, fue visitada por Colón. Cuentan que estuvo relacionada sentimentalmente con el Almirante.

• En la vieja casona de La Aduana o La Aguada se halla el pozo en el que se aprovisionaron las naves de Colón.

• El «silbo» es un medio de comunicación entre los gomeros, a causa de sus distancias insalvables e intrincados barrancos. Puede escucharse hasta más de cuatro kilómetros.

• La leyenda hace presente en Garajonay a dos amantes —Gara y Jonay— que prefirieron morir antes que aceptar la imposición de sus padres de negarles el matrimonio.

• La «astia» es una especie de pértiga para acelerar la marcha los hombres del campo.

PARADOR DE LA PALMA

Parador de La Palma
38700 Breña Baja-Sta. Cruz de la Palma TENERIFE

Conviene Saber

☎ 922 435 828	**Desayuno:** 1.300 pta
Fax: 922 435 999	**Comida/Cena:** 3.500 pta
lapalma@parador.es	**Habitaciones:** 65 dobles, 13 dobles matrim.
Localización: a 8 km de Sta. Cruz de Tenerife	**Instalaciones:** teléfono, calefacción, TV, aire acondicionado, ascensor, parking, piscina, gimnasio, sauna, acceso discapacitados
Categoría: ***	
Precio: habitación doble 17.500 pta	**Tarjetas de crédito:** AE, DC, EC, MC, V

¿En qué lugar se ubica el nuevo Parador de la Isla de La Palma?

El nuevo Parador de esta isla se ubica en una zona de gran riqueza paisajística, cercana a la capital, en la que hasta ahora estuviera el edificio del anterior Parador. Este paraje cercano al aeropuerto, es conocido como «El Zumacal» y pertenece al término municipal de Breña Baja. Es construcción nueva, típicamente canaria, con jardines con predominio de plantas autóctonas.

¿Algunas notas históricas acerca de la Isla de La Palma?

En tiempos prerromanos fue llamada «Benahore» y conocida por los antiguos como «Jardín de las Hespérides». El nombre de Palma responde a haber sido los marinos procedentes de las Islas Baleares quienes la bautizaron en el siglo XV en recuerdo de la propia capital de su isla. Los antiguos palmeros se denominaban «auaritas». La isla se dividía en doce reinos y cada demarcación tenía un príncipe. Fue conquistada para la corona de Castilla por Alonso de Lugo que desembarcó en Tazacorte en 1492.

¿Qué hay que decir en torno a su vino denominado malvasía?

En toda Europa fue muy célebre y celebrado este vino durante el siglo XVIII. El mismo Shakespeare conocía y alababa en su Inglaterra el caldo canario o malvasía dulce de Tenerife y La Palma. Por cierto que la Malvasía es una variedad de vid que los catalanes llevaron a la isla desde Quíos, que sembraron primero en Sitges y que se aclimató también en los suelos volcánicos de Canarias. Es uno de los vinos más celebrados también por los clásicos españoles.

• A Pie

La ciudad de Santa Cruz de la Palma, capital de la isla, fue fundada en 1493 con el nombre de «Villa de Apuron» que en el siglo XVI cambió por el nombre actual. En el siglo XVIII fue el primer ayuntamiento democrático de España. Su recorrido por ella aconseja visitar el castillo de la Virgen, la iglesia de la Encarnación, el Barco de la Virgen-Museo Naval, plaza de la Alameda, iglesia de San Francisco, Museo de Etnografía, Arqueología, Ciencias Naturales y Pintura, Castillo de Santa Catalina o Castillo Real, iglesia del Hospital de los Dolores, Casas Consistoriales, Parroquia del Salvador, ermita de San Sebastián, palacio de los Condes Salazar, Casas de Sotomayor y de los Fierro, ermita de la Luz, callejas de Santa Cruz, la Cosmológica...

• En Coche

Santuario de la Virgen de las Nieves, Breña Baja con sus playas de los Cancajos, Breña Alta, Puntallana con su iglesia de San Juan Bautista, San Andres y Los Sauces con su ron, Berlovento y drama *La Batalla de Lepanto* y Faro de la Cumplida, Santo Domingo de Garafia y su iglesia de la Luz con artesonado mudéjar, y Cueva de la Zarza... En el Roque de los Muchachos se ubica el Observatorio en un lugar que tiene uno de los cielos más claros de todo el mundo. En Puntagorda hay una iglesia del siglo XVI dedicada a San Mauro Abad. En Tijarafe se celebra la llamada «Verbena del Diablo» y hay una iglesia dedicada a la Candelaria, con imagen del siglo XVI. En Los Llanos de Aridane hay que visitar la iglesia de Nuestra Señora de los Remedios, plazas de Argual y de Elías Santos Abreu... En las cercanías de El Paso se hallan la ermita de la Virgen del Pino y el Mirador de la Cumbrecita. El Parque Nacional de la Caldera de Taburiente tiene más de un centenar de fuentes y manantiales, y su depresión caldereiforme tiene 800 metros de profundidad 8.000 de circunferencia y 9.000 de diámetro. El parque tiene 4.690 Ha y todo él constituye el antiguo reino de Aceró —«tierra fuerte»— siendo el último que se rindió a los castellanos. Pueden efectuarse por él diversos itinerarios. En Tazacorte o «el país chiquito» inició la conquista Alonso de Lugo el día 29 de septiembre de 1492. Puerto Naos, Fuencaliente y Villa de Mazo son otros lugares atractivamente turísticos.

• En la piedra del Roque de Idafe los aborígenes hacían sus sacrificios y adoraban al dios «Abora».

• La peregrinación o fiesta de la bajada lustral de la Virgen de las Nieves se celebra cada cinco años. Su imagen románico-gótica es del siglo XIV.

• Aridane significa 'agua'.

• El Mirador de las Toscas y la Cueva de Belmaco, con inscripciones prehistóricas, fue la residencia del último Mencey de Tedote.

Caldera de Taburiente.

Oferta gastronómica
Mojo palmero, puchero canario, sancocho, frangollo, tirijalas, bienmesabe, almendrados, rapaduras, marquesotes, queso de almendras, quesadillas, malvasía...

Parador de León «San Marcos»

Plaza San Marcos, 7
24001 LEÓN

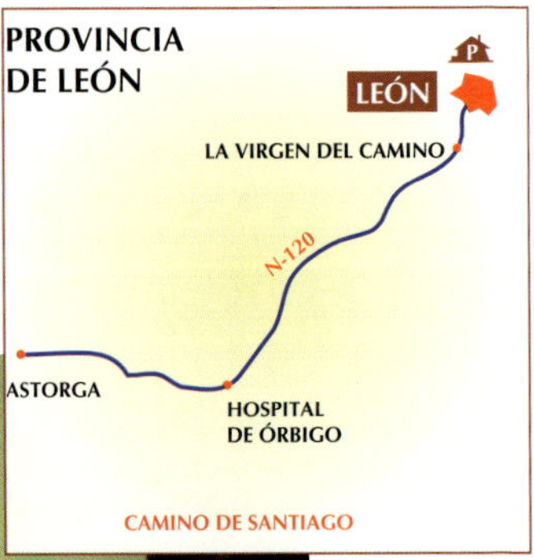

Conviene Saber

☎ 987 237 300
Fax: 987 233 458
leon@parador.es
Localización: monasterio-hospital
Categoría: *****GL
Precio: habitación doble 19.000-21.500 pta
Desayuno: 1.400 pta
Comida/Cena: 3.800 pta
Habitaciones: 185 dobles, 15 con salón
Instalaciones: aire acondicionado en salones y comedor, salón-comedor, calefacción, salón de convenciones, banquetes, jardín, teléfono, garaje, ascensor, acceso discapacitados
Tarjetas de crédito: AE, DC, EC, MC, V

¿Cuál es y a qué responde el nombre del Parador de Turismo de León?

Se denomina «San Marcos» y fue la Casa Primada de la Orden de los Caballeros de Santiago, desde la fundación de la misma en 1170, para la seguridad de los peregrinos del Camino de Santiago.

¿Cuál es la historia de este edificio?

A instancias de la infanta doña Sancha, en el siglo XII, se fundaron una iglesia y un hospital «para hospedar a los pobres de Cristo» en el Camino de la peregrinación. Hoy es un colosal edificio, convertido en uno de los más hermosos y lujosos hoteles del mundo. Las obras de este edificio fueron iniciadas a principios del siglo XVI, cuando los Reyes Católicos suprimieron las prerrogativas de las Órdenes Militares. Su fachada, como todo el conjunto, está perfectamente lograda; es plateresca. Otros lienzos son de época y estilo barrocos. Trabajaron en su construcción, entre otros, Juan de Badajoz, Pedro de Ibarra, Juan de Juni y Guillermo Doncel.

¿Qué albergan algunas dependencias artísticas de este edificio?

Su claustro y otras estancias acogen el Museo de León, en el que destaca la Cruz Votiva de Santiago de Peñalba, del siglo X, y el magnífico Cristo de Carrizo, talla románica de marfil, además de marfiles, pintura castellana y flamenca, y esculturas románicas y góticas.

Parador de San Marcos.

• A Pie

La Catedral de León (la «Pulchra Leonina») ofrece su fachada principal con su imagen de la Virgen Blanca, las vidrieras, cuya superficie equivale a 1.200 m², el trascoro, Retablo Mayor con su *Descendimiento*, el claustro y gran rosetón del poniente. En la Colegiata-Basílica de San Isidoro fascinan el Panteón Real y sus frescos —«Capilla Sixtina del Románico»—, su tesoro con el misterioso cáliz de doña Urraca, orfebrería, pinturas y esculturas, Biblia mozárabe y códices miniados. Hay que visitar también en la ciudad, la Plaza Mayor, Barrio Húmedo, Plaza de Santa María del Camino, Casa de Botines —obra de Gaudí—, Palacio de los Guzmanes, iglesia de San Marcelo, Ayuntamiento, iglesia de Santa Marina, Casas Señoriales de Villapadierna y de Villafañe, palacio de los Condes de Luna, iglesias de San Martín y de San Salvador, muralla romana…

• En Coche

Camino de Santiago y en dirección a Astorga, pasado Trobajo, está el Santuario de la Virgen del Camino, buena muestra de la arquitectura religiosa contemporánea, obra del arquitecto Pedro Coello, de Portugal, con grandiosas imágenes de Subirasch, y que custodia una imagen antigua de la Virgen y un retablo barroco. Cerca de Hospital de Orbigo se halla su puente, famoso por el llamado «Paso Honroso», hazaña protagonizada por don Suero de Quiñones que defendió su paso en justas caballerescas. Astorga —«Asturica Augusta»— fue una de las ciudades más importantes de la Hispania romana, meta de la Ruta de la Plata. Hay que admirar la Catedral de Santa María, con fachada plateresca, retablo, coro y museo, así como el palacio episcopal, obra de Gaudí, con el Museo de los caminos. También son dignas de admiración las murallas romanas, ergástula romana, el palacio del Ayuntamiento, que guarda el famoso pendón de Clavijo con las estatuas de los maragatos, las iglesias de San Bartolomé, San Esteban, Fátima, San Francisco, Sancti Spiritu…

Oferta gastronómica
Trucha con variadas preparaciones, —con unto en El Bierzo y escabechadas—, sopas de ajo, ancas de rana en salsa picante y rebozadas, «cachalada» leonesa, cecina, chanfaina, pulpo y empanada bercianos, miga canas, perdiz con repollo, mollejas, patatas con oreja y con almejas, cocido leonés, leche frita, tarta de San Marcos, natillas con nueces… y vinos de León.

• A los monjes-caballeros de la Orden de Santiago los inspiraba, animaba y definía este fiero lema: «Mi espada está roja con la sangre árabe».

• Uno de los personajes más célebres, que vivió, aunque encarcelado, en el edificio del Parador de San Marcos, fue don Francisco de Quevedo y Villegas, entre los años 1639-1643. A «San Marcos de los Caballeros de Santiago de la Espada» también se le conoce como «San Marcos de Quevedo».

Parador de Málaga -Del Golf

Apartado de Correos 324
29080 MÁLAGA

Conviene Saber

☎ 952 381 255
Fax: 952 388 963
malaga@parador.es
Localización: playa
Categoría: ****
Precio: habitación doble 17.500 pta
Desayuno: 1.300 pta

Comida/Cena: 3.500 pta
Habitaciones: 56 dobles, 4 con salón
Instalaciones: aire acondicionado, restaurante, bar, teléfono, salón de convenciones, jardín, tenis, piscina, playa, golf, acceso discapacitados
Tarjetas de crédito: AE, DC, EC, MC, V

¿Cuál es y a qué responde el nombre del Parador de Málaga-Del Golf?

Se denomina «Málaga-del Golf» debido a las instalaciones tan excepcionales de que está dotado para la práctica de este deporte, uno de los atractivos más convincentes para el turismo de calidad actual.

¿En qué lugar se ubica este parador Málaga-Golf?

Con arquitectura típica de la región, este Parador se ubica cerca del mar, con pérgola corrida, en el municipio de Torremolinos, uno de los centros turísticos más importantes a escala internacional en la española Costa del Sol.

¿Cuáles son los antecedentes históricos de Torremolinos?

Pese a que pudiera parecer que se trata de una ciudad moderna, sus antecedentes prehistóricos hay que buscarlos en las Cuevas del Murciélago y del Toro y la Cueva Tapada, en las que se han encontrado restos muy valiosos de los antiguos pobladores. Los historiadores identifican el lugar con el poblado de «Molina» o «Molena», con denominación árabe, que fue entregado por los Reyes Católicos a don Diego o Rodrigo de Pimentel, cuarto conde de Benavente, que se había distinguido en la conquista de Granada.

Habitación del Parador.

Practicando el golf.

• A Pie

Torremolinos lo mismo puede tener su origen en «torre-quinta» o casa de campo, que en «torre-alminara» defensiva, que está en el borde del Tajo, al fondo del valle de San Miguel, o en otras que a lo largo de la costa fueron ubicadas para aviso y defensa de los pobladores, como la que se encontraba en La Colina. Precisamente a este respecto hay que anotar la existencia en el término del pueblo de ciertos molinos de moler. Puede asegurarse que fue en Torremolinos donde se inició el despegue turístico de la Costa del Sol y en esto tuvo mucho que ver George Langwrty y su esposa Anie Margaret, ingleses benefactores, que a finales del siglo pasado se instalaron en Torremolinos y convirtieron el llamado «Castillo del Inglés» en una lujosa residencia, refugio de pobres, enfermos y necesitados, a los que atendió este buen protestante, protagonista de innumerables leyendas y anécdotas. Los ingleses comenzaron a descubrir en grupos Torremolinos ya en 1930. Los núcleos urbanos de Torremolinos son El Calvario, la Carihuela, el Bajondillo y el Centro.

• En Coche

Los nueve kilómetros de playas más características con que cuenta Torremolinos tienen estos nombres: El Lido, el Bajondillo, La Carihuela y Montemar. Las dos primeras están separadas de las otras dos por la roca del castillo de Santa Clara. La Carihuela es el barrio típicamente marinero de Torremolinos. Es la barriada de pescadores del copo, llamados «marengos». De este barrio y de sus hombres se dice todavía elogiosamente que han tenido las tres caricias más delicadas que proporciona la naturaleza: la de la madre, la de la esposa y la del mar.

• Unos 300 días al año tiene asegurado Torremolinos la presencia del sol, con una temperatura media de 20 grados.

• Los vientos del Norte encuentran un freno y una suavización ideal en la Sierra de Mijas, antes de llegar a Torremolinos. Puede aseverarse que el sol acompaña de por vida a los turistas en Torremolinos.

• El sol y Torremolinos son aliados a perpetuidad.

• El «Día del pescaíto frito» convoca a multitud de turistas, al igual que el de las sardinadas o «Moragas».

Oferta gastronómica
Pescaíto frito y gazpachos. Los productos torremolinenses más típicos son las gambas, cigalas, almejas, langostas, boquerones, besugos, coquinas, conchas finas, salmonetitos, doradas, chanquetes, calamares, chopitos… tocino de cielo, natillas, peras al vino blanco, arroz con leche…

PARADOR DE MÁLAGA -GIBRALFARO

Parador de Málaga-Gibralfaro
29016 MÁLAGA

Conviene Saber

☎ 952 221 902
Fax: 952 221 904
gibralfaro@parador.es
Localización: litoral
Categoría: ***
Precio: habitación doble 17.500-19.000 pta

Desayuno: 1.300 pta
Comida/Cena: 3.700 pta
Habitaciones: 38 dobles
Instalaciones: bar, calefacción, restaurante, teléfono, sala de convenciones, ascensor, aire acondicionado, piscina, acceso discapacitados
Tarjetas de crédito: AE, DC, EC, MC, V

¿Cuál es y a qué se debe el nombre de este Parador malagueño?

Se denomina «Gibralfaro» por estar instalado en un antiguo castillo situado junto a la Alcazaba malagueña y que en árabe —«Yabal-Faruk»— quiere decir 'montaña del faro'.

¿Cuál es la historia de este castillo de Gibralfaro?

Este castillo fue construido en el siglo XIV por Yusuf I. Antes del castillo había en la colina un faro, del que le viene su nombre. Los Reyes Católicos incorporaron su silueta al escudo de la ciudad, después de haber tardado 40 días en conquistar el castillo, el día 19 de agosto de 1487. En el llamado «Corral de los cautivos» pueden contemplarse todavía las mazmorras que sirvieron de cárcel a los prisioneros.

¿Qué significa «Málaga» y cuál es su historia?

Ya en el siglo I a. C. existía una ciudad con el nombre ibérico de «Malaka», que significa «colina cubierta de pastos». Los fenicios se hicieron también presentes en ella. En tiempo de los romanos, Málaga fue una ciudad confederada, regida por un código especial conocido como «Lex Flavia Malacitana». Su esplendor le llegó en tiempos de los árabes, que la conquistaron inmediatamente después de la batalla de Guadalete.

• A Pie

En Málaga hay mucho que ver y admirar. La Alcazaba es una fortaleza del siglo XI, ampliada en el XIV por los nazarís. Alberga el Museo Arqueológico y el teatro romano. Hay que ver además el edificio del Ayuntamiento, la Aduana, el Parque con monumentos tales como la estatua del Cenachero, Fuente Genovesa, estatua del Jazminero, Monumento a Cánovas, Fuente de los Cisnes... En la catedral hay que ver la Capilla del Sagrario, el Palacio Episcopal y el Museo Diocesano de Arte, el Museo de Bellas Artes, en el Palacio de los Condes de Buenavista con cuadros de importantes pintores españoles, la Fundación Picasso, iglesia de Santiago, Pasaje de las Chinitas, iglesia del Santísimo Cristo con la tumba de Pedro de Mena, iglesia de los Santos Mártires, Mercado, Atarazanas, Museo de las Tradiciones Populares, Museo de la Semana Santa y el Santuario de la Virgen de la Victoria, ubicado en el lugar en el que los Reyes Católicos habían tenido su campamento antes de conquistar la ciudad.

• En Coche

Después de seleccionar tantas opciones turísticas, dirigimos en esta ocasión nuestros pasos desde el Parador hacia la comarca conocida como La Axarquía, que es una zona montañosa de pueblos unidos por zigzagueantes carreteras y que tienen atractivos ciertamente originales y únicos. Cómpeta se distingue por su vino afamado y por estar encaramado en murallas naturales de 500 metros. Durante la sublevación morisca llegó hasta a tener su propio rey. Macharaviaya, junto al río de los iberos, conserva el panteón de los Gálvez, uno de cuyos miembros fue virrey de México. En uno de los frentes del panteón se conserva un cuadro de Murillo. Benasque es la patria chica de Salvador Rueda, conocido como el «poeta de la raza» y cuya casa natal

Málaga desde Gibralfaro.

Oferta gastronómica
Pescaítos fritos, gazpachos, fritura malagueña, pescados a la sal, lomo de merluza al Pedro Ximénez, parrillada de pescado, rape a la marinera, brocheta de rape pintada a la crema de uvas pasas, sorbetes, tocino de cielo, torrijas, borrachuelos malagueños, quesos de cabra y oveja de Ronda. El vino de Málaga fue alabado ya en tiempos romanos.

puede visitarse. La capital de La Axarquía es Vélez-Málaga, con variada riqueza monumental, yacimientos fenicios y fortaleza árabe. En su iglesia de San Juan hay un célebre cáliz con esmeraldas y esculturas de Pedro de Mena. La iglesia de Santa María se halla sobre una mezquita. Cerca se hallan las ruinas de la población griega de «Manaike», con restos de muralla fenicia y tumbas y restos romanos.

- La catedral de Málaga es conocida cariñosamente como «La Manca» pues una de sus torres no se terminó.
- En la casa de la Plaza de la Merced, 5, nació Pablo Ruiz Picasso, y en ella se instaló la Fundación. El pintor fue bautizado en la iglesia de Santiago.
- En la procesión del Miércoles Santo se cumple la tradición de ser liberado todos los años un preso.
- La Plaza de Toros, conocida como «La Malagueta», data del año 1874, con capacidad para 14.000 personas.

Parador de Manzanares

Autovía Andalucía, km 174
13200 Manzanares CIUDAD REAL

Conviene Saber

☎ 926 610 400
Fax: 926 610 935
manzanares@parador.es
Localización: carretera
Categoría: ***
Precio: habitación doble 11.500-12.500 pta

Desayuno: 1.200 pta
Comida/Cena: 3.200 pta
Habitaciones: 50 dobles
Instalaciones: aire acondicionado, bar, restaurante, ascensor, calefacción, teléfono, convenciones, piscina, jardín
Tarjetas de crédito: AE, DC, EC, MC, V

¿A qué responde fundamentalmente la ubicación del Parador de Manzanares?

Está situado en la carretera N-IV, autovía de Andalucía, que es una de las de mayor tránsito turístico de España. Fue uno de los primeros de la Red, innovación arquitectónica de 1929, obra de Arniches y Domínguez, y se halla en el centro de la que pudiera denominarse «Ruta del Quijote», con multitud de evocaciones cervantinas y en el eje de la región castellano-manchega.

¿Qué referencia poética hizo Lope de Vega en relación con Manzanares?

En su *Galán de la Membrilla,* Lope de Vega hizo acerca de Manzanares la referencia poética siguiente: «…el rico vino,/ que tienen La Membrilla y Manzanares,/ estará repartido/ entre los dos de mi vida/… Pasaremos el día en La Membrilla,/ la noche en Manzanares».

¿Algún dato histórico de la ciudad de Manzanares?

En época romana fue paso de varias calzadas y en la Edad Media fue importante cruce de caminos de ganados procedentes de Soria y Cuenca. En principio perteneció a la Orden de Santiago, hasta que pasó a la de Calatrava en carta de partición de tierras, fechada en La Membrilla en 1239.

Otro aspecto del Parador.

• A Pie

Castillo de Pilas Bonas en la calle Salinas, con torre del homenaje, plaza de armas y capilla. La iglesia parroquial de Nuestra Señora de la Asunción es de finales del siglo XIV y su portada es magnífico ejemplar plateresco, del siglo XVI. El convento de Concepcionistas Descalzas es barroco, del siglo XVII; se ubica en el casco antiguo, en el que además hay nobles casonas. Destacan también el Casino, del año 1919, y la Fábrica de Harinas de principios de siglo con rasgos historicistas y eclécticos. De gran popularidad es la Casa del Santo, con patio interior, puerta de entrada con dintel y pilastras, fachada encalada y balconcillo popular de madera.

• En Coche

Entre las diversas opciones viajeras que pueden efectuarse desde este Parador, le prestamos singular atención a Las Lagunas de Ruidera, situadas entre las provincias de Albacete y Ciudad Real a lo largo de 25 kilómetros del curso del Alto Guadiana. Las aguas se filtran en la parte alta del Campo de Montiel y afloran a la superficie. Al saltar de una a otra laguna, forman cascadas, cuyo ruido ha dado nombre a este excepcional paraje y salvan, desde la primera a la última, un desnivel de 120 metros. Éstos son sus nombres: Blanca, la Nava del Caballo, Escudera, Colgada del Rey, Cueva Morenilla, Coladilla, Cerragosa, Concejo o de Rui Pérez, Tomilla, Tinaja, San Pedro, Redondilla, Salvadora, Batana, Morcilla o del Santo Amorcillo. La Colgada es la mayor y la más profunda de todas, y además se encuentra entre las dos provincias manchegas. Muy cerca de ellas se encuentra la Cueva de Montesinos, donde Don Quijote vivió una de sus aventuras. Próximo está el castillo de Rocafrida, en el que se desarrolló el romance de Rosaflorida. No lejos de Manzanares están también las Tablas de Daimiel.

• Don Miguel de Cervantes hizo la siguiente alusión al vino de las tierras de Manzanares: «Tanto alababa el vino que le ponía por las nubes, aunque no se atrevía a dejarlo mucho en ellas porque no se le aguase».

• El Molino de Rezuelo, en La Membrilla, conserva su estructura original en el entorno del río Azuer.

• En Manzanares es muy interesante su Feria Regional de Muestras del Campo, que ocupa una extensión de 90 000 m² de exposición.

Oferta gastronómica
La típica de la región manchega, con mención especial para el pisto manchego, migas de pastor, mojete, galianos, berenjena de Almagro, sopas de ajo a la manchega, gachas, huevos a la porreta, duelos y quebrantos, conejo a la manchega, queso manchego, mostillo, arrope, leche frita, bizcochá, flores manchegas... Vinos de la región

PARADOR DE MAZAGÓN

Playa de Mazagón
21130 Mazagón HUELVA

Conviene Saber

☎ 959 536 300
Fax: 959 536 228
mazagon@parador.es
Localización: playa
Categoría: ****
Precio: habitación doble 16.500-19.000 pta

Desayuno: 1.300 pta
Comida/Cena: 3.700 pta
Habitaciones: 42 dobles, 1 con salón
Instalaciones: aire acondicionado, bar, calefacción, restaurante, jardín, piscina, salón de convenciones, teléfono, tenis
Tarjetas de crédito: AE, DC, EC, MC, V

¿Cuál es y a qué responde el nombre del Parador de Turismo de Mazagón-Moguer?

Se llama «Cristóbal Colón» y responde a la tradición abiertamente colombina que tienen estos lugares de la provincia de Huelva, en la que se inició la gran gesta y aventura del descubrimiento de América por el almirante don Cristóbal Colón.

¿En qué lugar se ubica el Parador de Mazagón-Moguer?

Está construido en las playas de Mazagón, municipio de Moguer, y desde él y por un lado se contempla la costa. Por el otro, todo un bosque de pinos y matorrales, perfumado de cantuesos, romeros y lavándulas, con multitud de pájaros.

Además de Cristóbal Colón, ¿cuál es la gran protagonista de este Parador de Turismo?

La naturaleza es su gran protagonista. También lo son, entre otros, los versos de Pablo Neruda: «Ah, vastedad de pinos,/ rumor de olas quebrándose…».

• A Pie

Moguer, del árabe «Mugar», significa 'cueva o caverna'. En esta población hay que admirar la Casa-Museo de Zenobia y Juan Ramón Jiménez, en la que vivió desde su niñez el poeta Premio Nobel y autor de *Platero y Yo*, y que alberga la Biblioteca Municipal. Hay un monumento a Juan Ramón, cuya tumba puede visitarse en su cementerio. El convento de Santa Clara, cercado de muros almenados y con dos claustros mudéjares, reclama una visita. A su iglesia acudió Colón tras su primer viaje a América. Hay un museo, y en la iglesia los sepulcros de los Portocarrero, fundadores del convento. La torre de la iglesia de nuestra Señora de la Grande, del siglo XVIII, tiene parecido con la Giralda de Sevilla. También hay que visitar el convento de San Francisco, el hospital de Corpus Christi y las neoclásicas Casas Consistoriales. A dos kilómetros se encuentra la ermita de Montemayor, de arquitectura típicamente andaluza, que data del siglo XVI.

• En Coche

Al convento franciscano de Santa María La Rábida, gótico mudéjar del siglo XV, llegó un día Cristóbal Colón con su hijo Diego para recabar ayuda para el Descubrimiento. En él fue bien recibido por los frailes Juan Pérez y Antonio de Marchena, «estrellero del convento», cuya colaboración sería decisiva para sus proyectos. La Sala de los Frescos de Vázquez Díaz, sobre el tema del Descubrimiento, así como la iglesia-capilla en la que Colón y su tripulación asistieron a misa antes de salir para su aventura, merecen ser visitadas. Según la tradición y la historia, este monasterio, antes de ser lo que es, fue altar fenicio al dios Baal, templo romano de la diosa Proserpina, «rápita» musulmana donde los ascetas se ejercitaban en la oración y, más tarde, perteneció a los Caballeros Templarios. En Almonte, en su santuario del Rocío, tiene lugar, en honor de la Virgen «la Blanca Paloma», la celebración religioso-festiva más espectacular de España y una de las más impresionantes del mundo católico. Un millón de personas se dan cita en un lugar en el que apenas si viven habitualmente unas 500 personas. El Coto de Doñana es también punto de referencia turística desde el Parador de Mazagón-Moguer. Es una extensión protegida, con unas 73.000 Ha de los parques más importantes de Europa y maravillosa reserva botánica y zoológica. En él es posible realizar la actividad turística de «El itinerario en profundidad» y visitar los «Centros de Visitantes» de La Rocina, el Palacio de Acebrón y el Centro de Recepción del Acabuche.

• En el Coto de Doñana están registradas unas 250 especies de aves.

• En Niebla, denominada la «Ávila andaluza» por su recinto amurallado, se empleó por primera vez la pólvora en España.

Interior del Parador.

Oferta gastronómica

Pescado en todas sus variedades, pargo encebollado, rape a la marinera, el choco, que es una especie de calamar más sabroso y más amariscado, y lenguado a la plancha. En repostería se citan las tortas de Maguer, los tocinillos de Aracena y el rico arrope de Bollullos Par del Condado, sin que falte jamás, y en abundancia, el vino del Condado.

Parador de Melilla

Avda. de Cándido Lobera, s/n
29801 MELILLA

Conviene Saber

☎ 952 684 940
Fax: 952 683 486
melilla@parador.es
Localización: pl. del casco antiguo
Categoría: ***
Precio: habitación doble 15.000 pta

Desayuno: 1.200 pta
Comida/Cena: 3.500 pta
Habitaciones: 36 dobles, 4 individuales
Instalaciones: aire acondicionado, ascensor, bar, jardín, piscina, restaurante, teléfono
Tarjetas de crédito: AE, DC, EC, MC, V

¿Cuál es y a qué responde el nombre del Parador de Melilla?

Se denomina «Don Pedro de Estopiñán» en recuerdo de don Pedro de Estopiñán Virués, que fue Comendador de la Casa Ducal de Medina Sidonia y que conquistó esta plaza para los Reyes Católicos el 17 de diciembre del año 1497.

¿En qué lugar está situado este Parador?

En la parte más alta de la ciudad, próximo al Parque Lobera y es un edificio de construcción moderna.

¿Algunos datos históricos de la ciudad de Melilla?

Melilla es la antigua factoría de «Rusadir» de los fenicios, cartaginenses y romanos, y ocupa la parte suroriental de la península de las «Tres Forcas», en el litoral africano, frente a las costas de Almería. Su nombre árabe está relacionado con la miel. Se compone en realidad de dos ciudades bien definidas: Melilla la Vieja o el «Pueblo» y la ciudad moderna, que se extiende por el llano de la bahía sobre las colinas. El Parador proporciona vistas extraordinarias de la ciudad, que ocupa 1.233 Ha.

• A Pie

La visita al «Pueblo» significa nada menos que la vuelta a los tiempos de la Reconquista. Está rodeado de murallas y el principal monumento, de interés histórico-artístico, es la Ciudad Vieja o Ciudadela, que consta de tres recintos amurallados, separados por profundos fosos, que se salvan por puentes levadizos y que dan la impresión de pervivir como en una ciudad del siglo XV. La iglesia de la Purísima Concepción es del siglo XVII y tiene buenos retablos barrocos. Tallada en la roca y debajo de la iglesia se halla la «Cueva del Conventico», que es una especie de refugio. La Plaza de Armas, la Puerta de Santiago con el escudo de Carlos V, la plaza de los Algibes, las murallas sobre la bahía de los Galápagos, el puerto, los pinares de Rostrogordo, las playas... son otros tantos alicientes turísticos. El Museo Municipal contiene escritos de monarcas españoles. La sección arqueológica del Museo tiene una buena colección de cerámicas. La parte nueva de la ciudad dispone de una muy notable arquitectura modernista. Enrique Nieto, discípulo de Gaudí y arquitecto militar de principios del siglo XX, fue el autor de la mayor parte de estos edificios, no sólo del centro de la ciudad, sino de distintos barrios...

• En Coche

Nador, en Marruecos, es punto obligado de atención turística desde Melilla. El Mar Chica, Ras el Ma, Qariat Arkane, islas Chafarinas, con sus flamencos y diversidad de aves zancudas, la antigua atalaya española de Moulay Ali Cherig... son hitos de la pequeña excursión a efectuar desde el Parador de Melilla. En Alhucemas, al oeste de Melilla, y como a unos 175 kilómetros hay playas de calidad excelente.

Oferta gastronómica
Predomina la cocina típica de Andalucía, con pescados fritos y mariscos. Son famosos los langostinos y las cigalas de La Mar Chica, al igual que sus pescados «de roqueo», con carnes excelentes, cazuela de rape, cordero a la moruna, salazones y los típicos pinchos morunos, couscous, carne al vapor, rape «Rusadir», cuajado de almendras, timbal de kiwis con mousse, bizcocho de almendras con chocolate caliente.

• Todo el recinto amurallado de la Ciudad Vieja de Melilla está declarado conjunto histórico-artístico.
• Melilla, «puerta de África», contiene cuantos atractivos entraña la posibilidad de hacer de ella puerta para el turismo por África, especialmente por Marruecos.
• Melilla es ciudad de contrastes y en ella empieza de verdad la aventura viajera.
• Melilla es, además, como una academia de tolerancia y de convivencia, ofreciendo también una calidad de vida muy aceptable.
• La Virgen de la Victoria es la patrona de la ciudad de Melilla.
• Como puerto franco, Melilla ofrece una gran variedad de productos, como objetos exóticos, y originales chaquetones y cazadoras de cuero, joyas... a precios, en ocasiones, muy tentadores. Para muchos, las compras constituyen la razón de ser de sus viajes a Melilla.
• En el Museo se conserva una carta de la emperatriz Isabel, comunicando, el día 15 de agosto de 1535, la feliz noticia de la conquista de Túnez por el emperador Carlos V.

PARADOR DE MÉRIDA «VÍA DE LA PLATA»

Plaza de la Constitución, 3
06800 Mérida BADAJOZ

Conviene Saber

☎ 924 313 800
Fax: 924 319 208
merida@parador.es
Localización: convento en el centro histórico
Categoría: ****
Precio: habitación doble 16.500 pta

Desayuno: 1.300 pta
Comida/Cena: 3.500 pta
Habitaciones: 79 dobles, 1 indiv., 2 con salón
Instalaciones: aire acondicionado, calefacción, restaurante, bar, garaje, jardín, salón de convenciones, teléfono
Tarjetas de crédito: AE, DC, EC, MC, V

¿Cómo se llama y a qué responde el nombre del Parador de Mérida?

Se denomina «Vía de la Plata» y responde al hecho de que Mérida, hoy capital de la Comunidad Autónoma de Extremadura, fue uno de los puntos de referencia más importantes de la Ruta o Vía de la Plata, que así se conoció a la calzada romana que partía de Mérida hasta Astorga y que en el *Itinerario de Antonino* era titulada «Ab Emerita ad Asturicam».

¿Por qué tal apelativo de la Plata?

No hace referencia alguna a la plata que pudiera haber sido transportada desde la antigüedad por esta calzada romana. Equivale más bien a calzada o vía «ancha» —«lata»— o a calzada o vía «pavimentada» de grandes losas o «balatha».

¿En qué lugar se ubica este Parador?

Lo hace sobre el antiguo pretorio y templo romano de la Concordia y antiguo convento erigido en honor de San Francisco, con la denominación de Jesús, de estilo barroco, que conserva en su interior elementos arquitectónicos muy antiguos, con columnas visigóticas e inscripciones árabes.

• A pie

Recientemente, el conjunto romano de Mérida ha sido declarado Patrimonio de la Humanidad por la Unesco. Todo él reclama docta y detenida visita. Entre sus monumentos más representativos sobresalen: el Museo Nacional de Arte Romano, Arco de Trajano, muralla, Acueducto de los Milagros, puente sobre el río Albarregas, pantano romano de Proserpina, iglesia de Santa Eulalia con su templo de Marte acondicionado para esta mártir emeritense, acueducto romano de San Lázaro, Circo Romano, iglesia de Nuestra Señora de la Antigua, Monumento a Santa Eulalia, termas, casa romana, columbarios, anfiteatro, teatro romano, casa romana del Mithreo, Alcazaba Conventual, puente romano sobre el río Guadiana, Palacio de Burnay —Hotel Emperatriz—, iglesia de Santa María la Mayor, Templo de Diana, Museo de Geología...

• En coche

Se justifica una excursión al cercano pueblo de Alanje, cuyo balneario fue construido durante la dominación romana y de este tiempo se conservan dos piscinas techadas, de gran valor arqueológico y un ara votiva. Los baños están indicados para trastornos nerviosos y afecciones del aparato locomotor, respiratorio y circulatorio, ginecopatías y disreciones alérgicas. Hay que admirar su castillo, conocido en la época árabe como «Hixn al-Hanash» o Castillo de la Culebra, cuyo primer alcaide fue Ibn Marwan al-Chiliqui. La iglesia de Nuestra Señora de los Milagros es del siglo XVI, siendo su torre el elemento más significativo. En otra dirección se encuentra Arroyo de San Serván, formado por las aldeas de Cubillana y Perales, en una sierra en la que aparecen pinturas rupestres esquemáticas. Fue habitada por antiguos eremitas, siendo los más representativos Servando y Germán, legionarios romanos, mártires, que

Teatro romano de Mérida.

Oferta gastronómica
La propia de la región extremeña, cuyo eje básico es el cerdo ibérico, es la de embutidos y jamones. También los callos de ternera, ancas de rana, caldereta de cordero, gazpachos... Todo ello regado con los buenos caldos —también el cava— de Tierra de Barros, La Serena, Cañamero, Sierra de Gata... En la repostería no han de faltar la «Técula-Mécula» de Olivenza, los «corazones de monjas» de Llerena y las «monumenteras» de Alcántara.

fueron decapitados en Cádiz. Por la sierra abundan ermitas y villas romanas. Hay además un interesante puente medieval.

• El origen de Mérida fue éste: el legado de Augusto, Publio Carisio, la fundó por orden del Emperador, el año 25 a. C. para asentar a los soldados veteranos de las legiones V —«Alaudae»— y X —«Gémina»—, como premio a sus buenos servicios. Fue una especie de pequeña Roma.

• En el siglo IV, el poeta Marco Ausonio, en su obra *Ordo Nobilium Urbium* sitúa a Mérida en el noveno lugar entre las dieciséis ciudades más importantes del mundo romano.

• La actividad cultural de Mérida tiene su punto álgido todos los veranos con la celebración de los Festivales de Teatro Clásico, en los que el Teatro Romano se convierte en lugar de encuentro internacional de intelectuales, comediógrafos y actores y que además atrae a multitud de turistas de dentro y de fuera de España.

Parador de Mojácar «Reyes Católicos»

Playa de Mojácar
04638 Mojácar ALMERÍA

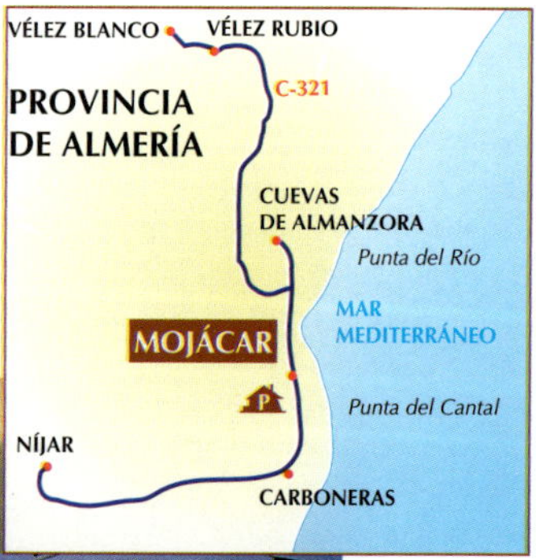

Conviene Saber

☎ 950 478 250
Fax: 950 478 183
mojacar@parador.es
Localización: playa
Categoría: ****
Precio: habitación doble 13.000-15.000 pta

Desayuno: 1.300 pta
Comida/Cena: 3.500 pta
Habitaciones: 89 dobles, 9 individuales
Instalaciones: aire acondicionado, bar, restaurante, calefacción, jardín, piscina, teléfono, tenis
Tarjetas de crédito: AE, DC, EC, MC, V

¿Cuál es el nombre del parador de Mojácar?

Se denomina «Reyes Católicos» y está ubicado en un bello paraje, próximo a la playa y separado de ella únicamente por la carretera que va de Carboneras a Garrucha.

¿Cuál es la historia de Mojácar?

La antigua «Murgis Acra» —'Monte Alto'—, que según Plinio ponía límites a la Bética, fue importante población romana. Bien es verdad que en la actualidad conserva una fuerte vocación, estructura y perfiles moriscos, continuados después de la Reconquista. Está formada por casas cúbicas y callejuelas blancas, que domina una costa accidentada. En la antigüedad la población fue también conocida como «Mons Sacra» o «Montaña Sagrada» y asimismo como «Meschech-Mastia», y resulta ser uno de los nombres que se conocen como más antiguos de España.

¿Cuál es el lema que tiene el escudo de Mojácar?

Quiere expresar la importancia que en su historia y en su economía tiene el mar, con fórmulas antes comerciales y hoy turísticas, y éste es su lema: «Llave ante el mar».

• A Pie

Conserva el Torreón, única puerta de acceso a la antigua villa amurallada y que data del siglo XV con posteriores reformas. La iglesia parroquial de Santa María es de estilo renacentista, de los siglos XVI. La ermita de Nuestra Señora de los Dolores es de los siglos XVIII y XIX y de estilo neoclásico. Los restos del castillo de Mojácar son del siglo XV. La población disfruta de una interesante vida cultural, al haber sido elegida por pintores y artesanos. Tiene 17 kilómetros de playa y calas, entre las que descuella la naturista de Macenas, junto a la que hay un promontorio con antigua torrevigía de los siglos XII y XV, a la vez que las ruinas de un castillo del siglo XVII. La playa de Mojácar coincide con la zona de urbanizaciones. La de El Sombrerico es de las más extensas, y con tranquilidad y silencio.

• En Coche

Las playas y los paisajes, junto con la historia y los monumentos, son atractivos de sorprendente interés turístico que se ofrecen a corta distancia del parador de Mojácar. Vélez-Blanco fue sede del poderoso marquesado de los Vélez y del tiempo de su esplendor se conserva su castillo, joya del renacimiento castellano y cuyo patio se exhibe nada menos que en el Museo Metropolitano de Nueva York. Tiene monumentos de gran interés y originalidad. Vélez-Rubio es villa impecablemente bella. El templo parroquial es Monumento Nacional. En la iglesia de San Francisco se venera una imagen, obra de Salzillo. Huercal-Overa es población rica en tradiciones artesanales. Destacan la parroquia de la Asunción y el palacio de la Audiencia. Está situada en el valle interior del Almanzora. Macael es la capital del llamado «Desfiladero del mármol» y cuenta con unas 80 canteras en explotación. En Albox hay que admirar la iglesia de Santa María, de estilo gótico renacentista, con retablos y pila bautismal de mármol en una sola pieza. Cuevas de Almanzora está caracterizada por sus cuevas-viviendas y es rica en yacimientos arqueológicos. El castillo conserva seis torreones y en uno de sus salones está todavía intacto el primitivo artesonado. El primer alcalde de Vera fue el poeta Garcilaso de la Vega. En la iglesia parroquial campea el escudo de la Casa de los Austrias. Sorbas parece «colgada» sobre una ladera escarpada entre los Filabres y Sierra Cabrera. Son muy estimados sus alfares. La historia de Carboneras se desarrolló alrededor del castillo de San Andrés, mandado construir en el siglo XVI por el Marqués de Carpio. Llaman la atención sus playas y sus casonas. Níjar es considerada como una de las muestras más interesantes de la arquitectura popular almeriense. En Tabernas se alza la alcazaba, conquistada por Fernando el Católico. Fue escenario de películas de vaqueros.

• La cerámica y los objetos de cuero son las artesanías más representativas de Mojácar.

• José Guirao Zamora, que alcanzó fama internacional con el seudónimo de Walt Disney, era oriundo de Mojácar.

• Aldous Huxley, refiriéndose a estas tierras con sus 322 días de sol, escribió: «¡Oh tierra afortunada: el sol es tu amante!».

Oferta gastronómica
Cazuela de pescados y mariscos, solomillo relleno de setas, gazpacho almeriense, pierna de cabrito de las Alpujarras al horno, sopa de Almería, pescados de la costa fritos o a la plancha, peras al vino tinto, pudin, tronco de higos...

PARADOR DE NERJA

Almuñécar, 8
29780 Nerja MÁLAGA

Conviene Saber

☎ 952 520 050
Fax: 952 521 997
nerja@parador.es
Localización: pl. del casco antiguo
Categoría: ****
Precio: habitación doble 15.000-19.000 pta
Desayuno: 1.300 pta
Comida/Cena: 3.500 pta
Habitaciones: 70 dobles, 3 individuales
Instalaciones: aire acondicionado, bar, restaurante, ascensor, calefacción, jardín, playa, piscina, sala de convenciones, teléfono, tenis
Tarjetas de crédito: AE, DC, EC, MC, V

¿Cómo se llama el bellísimo mirador en el que está enclavado el Parador de Nerja?

Es conocido como «El Balcón de Europa», se halla exactamente en la carretera de Málaga a Almería y desde él se disfruta un fabuloso panorama, tanto de paisaje marítimo como terrestre.

¿Qué personaje fue el primero en denominar este lugar «Balcón de Europa»?

Puede resaltarse como dato curioso que fue el rey Alfonso XII quien lo denominó de esta manera en 1885. El Parador ocupa el solar de un desaparecido castillo que se adentraba en el mar.

¿Cuál es la oferta de playas de Nerja?

Con más de 16 kilómetros de playa, éstas son las principales: Burriana, Calahonda, Playazo, Carabeo, La Torrecilla, El Salón, La Caleta de Maro y Río de la Miel o Cañuelo.

• A Pie

La población de Nerja está encaramada sobre las estribaciones de la Sierra de Almijara, por lo que su localización es típica de montaña, con callejuelas estrechas y sinuosas. El casco antiguo es mayoritariamente del año 1487. Hay que ver y admirar la iglesia del Salvador, barroca y de los siglos XVII-XVIII. La cúpula de la ermita de las Angustias está recubierta con frescos realizados por Alonso Cano y artistas granadinos. La iglesia de Nuestra Señora de las Maravillas, del siglo XII, se encuentra en el barrio pesquero, al igual que la Fábrica de Azúcar. El Acueducto del Águila, del siglo pasado, es ciertamente espectacular. Tiene tramos de la calzada romana de Cástulo a Málaga. El paseo de los Carabineros sigue las costas que unen las playas de Calahonda y Carabeo.

• En Coche

A unos cinco kilómetros y en dirección a Motril, se hallan las Cuevas de Nerja, una enorme cavidad natural en la que se han encontrado armas, joyas y huesos, que son otros tantos testimonios de la ocupación humana desde el Paleolítico. La iluminación realza el trabajo realizado por las aguas. Descubierta la cueva en 1959, pueden verse las pinturas rupestres y es posible la visita a la misma. Son Monumento Nacional. Dentro de ellas, y en un escenario con capacidad para 600 personas, se celebran espectáculos de música y danza. Lo más espectacular de la cueva es la llamada Sala de la Cascada y la Sala del Cataclismo, en la que hay una columna natural de 50 metros de altura. La visita debería alargarse hasta Frigiliana, que ha recibido diversos premios nacionales de embellecimiento. En su Barrio Alto se encuentra la iglesia de San Antonio de estilo barroco y puede también visitarse la fábrica Miel de Caña, que era la antigua casa de los condes de Frigiliana. Almuñécar, en la provincia de Granada, es el centro turístico más destacado de su Costa del Sol. Fue fenicia y después romana, y conserva un gran Columbario —«Torre del Monje»—, un acueducto, la Cueva de los Siete Palacios, el castillo de San Miguel, la iglesia parroquial con torre ideada por Diego de Siloé, bellísimas playas y cultivos subtropicales como el mango, papaya, aguacate, bajo un condicionado clima. En Salobreña hay que admirar su castillo, antigua fortaleza hispano-musulmana de planta impresionante y en el que estuvo prisionero Yusuf III en 1408, que fue rey granadino en tres ocasiones. De fachadas blancas, son características sus plantaciones de caña de azúcar. Motril está asentada en un verdadero vergel y entre sus monumentos destacan su iglesia Colegiata de la Encarnación, las Casas Consistoriales y el palacio de Giménez Caballero.

• Junto a Frigiliana se encuentran la necrópolis fenicia del Cortijo de las Sombras.

• En el «Balcón de Europa» la animación es constante, tanto de día como de noche.

Sala del Parador de Nerja.

Oferta gastronómica
Fritura de pescado, chanquetes, ajo blanco, gazpacho y gazpachuelos, pipirranas, choto frito, ajo colorao, sopas de maimones, sopas cachorreñas, migas de pan, cabrito a la narjeña, sopa de espárragos trigueros, tortillas de collejas o tagarninas, huevos a lo bestia, perdiz a la cortijera..., peras al vino, compota de membrillo, tarta de manzana, frutas tropicales, tarta de queso y chocolate.

Parador de Olite «Príncipe de Viana»

Plaza de los Teobaldos, 2
31390 Olite NAVARRA

Conviene Saber

☎ 948 740 000
Fax: 948 740 201
olite@parador.es
Localización: castillo en la ciudad
Categoría: ***
Precio: habitación doble 12.000-13.000 pta

Desayuno: 1.300 pta
Comida/Cena: 3.500 pta
Habitaciones: 35 dobles, 1 indiv., 7 con salón
Instalaciones: aire acondicionado, bar, restaurante, calefacción, salón de convenciones, teléfono, ascensor
Tarjetas de crédito: AE, DC, EC, MC, V

¿Cuál es y a qué responde el nombre del Parador de Olite?

Se denomina este Parador «Príncipe de Viana», en memoria del Príncipe de Viana, nieto del rey Carlos II de Navarra, al que albergó durante tanto tiempo.

¿Cuáles son los principales capítulos de la historia de este castillo?

La población parece haber sido fundada, con procedencia romana de «Oligitum» o «tierra nueva», o «Olivetum» —«olivar»— por el rey godo Suintila hacia el año 620. En el palacio vivieron Sancho VII el Fuerte, «el de Las Navas». También lo habitaron Teobaldo I de Campaña, «el rey Poeta», Teobaldo II e Isabel, hija de San Luis, rey de Francia, y se celebró aquí el matrimonio de su hermano Enrique con Blanca de Artois, sobrina también de San Luis. Residieron también en este palacio Enrique I, que celebró Cortes Generales, el rey Luis «El Hatín», Carlos II «el Malo», y Carlos II «el Noble». Sufrió graves destrozos debido a las intrigas y luchas entre beamonteses —partidarios del Príncipe de Viana— y los agromonteses, partidarios de Juan II, aspirante al trono de Navarra. El guerrillero Espoz y Mina lo incendió en la Guerra de la Independencia en 1813.

¿Qué características principales tiene este castillo?

Su arquitectura gótica es de inspiración francesa y recuerda en su aspecto militar al Palacio de los Papas de Avignon; forma una pétrea sinfonía perfectamente acordada en cuanto a líneas y volúmenes de masas y semeja un palacio de cuentos. Sus torres y almenas le confieren un aspecto fantasmal, con escaleras y numerosos corredores subterráneos que proclaman la intranquilidad de quienes lo vivieron.

• A Pie

La iglesia de Santa María la Real es gótica, del siglo XIII. Su talla del Cristo de la Buena Muerte es del XIV. Tiene interesante y fino claustro exento. La parroquia de San Pedro es de origen protogótico, con claustro del siglo XIII y talla gótica de la Virgen del Campanal y Santiago peregrino. Es insólita su torre octogonal y apuntada. Hay que visitar la iglesia de San Francisco, el monasterio de Clarisas y sus portales y rincones, torre del Chapitel, Rúa Mayor o del Cerco de Fuera...

• En Coche

Junto al pueblo de Pitillas hay una laguna esteparia de gran importancia para aves migratorias. En San Martín de Unx hay que admirar la parroquia de San Martín de Tours, sus casas blasonadas, con trazado urbanístico medieval, la iglesia gótica de Santa María del Pópulo y las ermitas de San Miguel y Santa Zita. En Ujué —en vascuence 'paloma'— y en lo más alto emerge la imponente iglesia-fortaleza con torre campanario almenada, con cabeceras románicas y naves góticas. Su Virgen románica, chapeada en plata, fue predilecta de los monarcas de la Casa Evreux. El templo guarda además el corazón de Carlos «El Malo». La iglesia de Santa María y su colosal fábrica es punto de referencia alrededor del cual se arracima el caserío. El Monasterio de La Oliva, junto a Carcastillo, es del siglo XII. La iglesia es de rotunda sobriedad, de tres naves, y el claustro es del siglo XIV.

• A los reyes Teobaldos, moradores del castillo de Olite, se les atribuye la introducción de la variedad de viñedos que permitía la crianza del vino «vertjus» —«verde zumo»—, una especie de «champán» que se elaboró durante 300 años en el Castillo.

• Eunate —en vasco «las cien puertas» y en latín «bien nacido o renacido»— en pleno Camino de Santiago, es uno de los lugares más misteriosos del mundo. Su iglesia es de planta octogonal y lados desiguales, en uno de los cuales se alza un ábside semicircular. Se dice que es obra de Templarios. Junto con la iglesia del Santo Sepulcro de Torres del Río, es uno de los lugares mágicos denominados «centros del mundo».

Otra vista del castillo.

Fachada de Santa María de Olite.

Oferta gastronómica

Magras con tomate al ajoarriero, costillas asadas en parrilla, conejo con caracoles, migas de pastor, menestra de «los cuatro ases», alcachofas, espárragos, guisantes y habas verdes, espárragos de la Ribera, cogollicos de Tudela, alcachofas de la Mejana, cogotas de Tudela, «coronillas» de Pamplona, «alpargatas» de Peralta y Estella, almendras garrapiñadas y vinos de La Ribera.

Parador de Oropesa «Virrey Toledo»

Plaza del Palacio, 1
45560 Oropesa TOLEDO

Conviene Saber

☎ 925 430 000
Fax: 925 430 777
oropesa@parador.es
Localización: pl. del casco antiguo
Categoría: ****
Precio: habitación doble 15.000 pta

Desayuno: 1.300 pta
Comida/Cena: 3.700 pta
Habitaciones: 42 dobles, 2 indiv., 4 con salón
Instalaciones: aire acondicionado, restaurante, bar, calefacción, ascensor, salón de convenciones, teléfono, piscina
Tarjetas de crédito: AE, DC, EC, MC, V

¿Cómo se llama y a qué responde el nombre del Parador de Oropesa?

Se denomina «Del Virrey de Toledo» en memoria de don Francisco Álvarez de Toledo, duque de Alba, conde de Oropesa y quinto virrey del Perú.

¿Dónde se ubica el Parador de Oropesa?

Lo hace en un castillo construido durante el reinado de Pedro I de Castilla, sobre una fortaleza medieval de turbulenta historia y cuya reconstrucción fue efectuada en el siglo XV, después de las luchas dinásticas y la guerra contra los musulmanes.

¿Cuáles son las partes más notables de este castillo-fortaleza-palacio-Parador?

Sobre todo su torre del ángulo oriental, datada en el siglo XIII, aunque con añadidos posteriores. Desde ella los Comuneros de Padilla lucharon muy bravamente con las tropas del emperador Carlos V. El «Peinador de la Reina» es un cuerpo octogonal de sillar almohadillado. El castillo había pertenecido también con anterioridad a Juan de la Cerda, hermano de Sancho IV de Castilla. Es de estilo gótico-mudéjar del siglo XV y detalles platerescos del XVI.

• A Pie

En este pueblo, con aspecto medieval tan acentuadamente romántico y tan rico patrimonio histórico-artístico, pueden visitarse los siguientes monumentos: iglesia jesuítica de San Bernardo, iglesia parroquial de la Asunción, Colegio de los Jesuitas, conventos de Franciscanos, de las Clarisas y de la Misericordia, ermita de las Peñitas, el Ayuntamiento, la puerta de la muralla, la casa con torre del Reloj y, a las afueras y sobre el río Guadyerbas, en la carretera de Candeleda, un puente romano.

• En Coche

En Lagartera, además de admirar sus labores artesanales, hay que recordar al maestro toledano Jacinto Guerrero, que bordó los elementos artesanales de esta zona en su coro de «Las Lagarteranas» de la zarzuela *El Huésped del Sevillano* y de la *Moza Lozana.* Esta última la sitúa en El Puente del Arzobispo, célebre por su cerámica y que hace referencia al arzobispo de Toledo, don Pedro Tenorio, señor de la inmediata villa de Alcolea, quien en la segunda mitad del siglo XV —en 1380— mandó construir un puente sobre el río Tajo para facilitar el paso a los peregrinos que iban al santuario de Guadalupe. A los ocho ojos iniciales les fueron añadidos otros tres por las crecidas en 1770. La parroquia conserva una torre renacentista con posteriores revestimientos de azulejos. Talavera de la Reina es ciudad antiquísima y literaria, y es la capital industrial y económica de la comarca y de la provincia de Toledo. Conserva muestras muy notables de su antiguo e ilustre pasado, como su triple recinto amurallado, puertas, puente en parte romano y en parte musulmán, colegiata gótico-mudéjar, iglesia del convento jerónimo de Santa Catalina, iglesia mudéjar de Santiago, San Salvador de los Caballeros con la estatua yacente de Frey García de Loaysa, convento de Santo Domingo, Santuario de la Virgen del Prado, museo de cerámica Ruíz de Luna, casas de los Marqueses de Villatoya y de los Loaysa... El Valle del Tiétar es también una oferta viajera y de naturaleza de primer orden.

• Los romanos denominaron a Oropesa, con sentido fiel de las proporciones geográficas, «comedium orbis», por considerarla situada en el centro geográfico de la Hispania romana.

• Es fama que san Pedro de Alcántara, santa Teresa y san Juan de la Cruz residieron repetidamente en Oropesa. Del primero pueden visitarse su celda y oratorio.

• «Del hilo al barro» puede ser muy bien el eslogan que define la artesanía de Oropesa y su comarca, contando sobre todo con las labores de Lagartera y la cerámica de El Puente del Arzobispo. Unas y otras han sobrepasado los linderos de la comarca y han alcanzado cotas de popularidad y aceptación universales.

Sala del Parador.

Oferta gastronómica
El llamado «Pucherete del Virrey», las truchas escabechadas de Gredos, perdiz con piña, «tortada de conejo al tomillo», cazuela de liebre con setas, huevos a la oropesana. Entre los postres, la tarta del Beato, las floretas, canutos, mangos, suspiros, roscas del candil... Y fruta del Valle del Tiétar.

PARADOR DE PLASENCIA

Plaza de San Vicente Ferrer, s/n
10600 Plasencia CÁCERES

Conviene Saber

☎ 927 425 870
Fax: 927 425 872
plasencia@parador.es
Localización: convento
Categoría: ****
Precio: habitación doble 17.500 pta

Desayuno: 1.500 pta
Comida/Cena: 4.000 pta
Habitaciones: 8 dobles, 9 indiv. y 49 suites
Instalaciones: aire acondicionado, calefacción, bar, restaurante, banquetes, TV, piscina, garaje, cambio de moneda
Tarjetas de crédito: AE, DC, EC, MC, V

¿A qué responde el nombre de Plasencia, ciudad en la que se ubica este Parador?

El nombre de Plasencia le fue impuesto por el rey Alfonso VIII en 1189, al repoblar el lugar erigiéndolo en sede episcopal. En el Privilegio de confirmación, el rey Alfonso X el Sabio lo reconoció de la siguiente manera: «ad honorem Dei, in loco qui antiquitus vocabatur Ambro, urbem aedifico, cui Placentia, ut Deo placeat et hominibus». Es decir: «para agrado de Dios y de los Hombres».

¿Cuál fue su historia anterior?

La historia de la Muy Noble, Leal y Benéfica ciudad de Plasencia se remonta al periodo neolítico, tal y como consta en su cueva de Bomquique, pasando a ser la «Ambracia-Xerete» griega —Jerte: «río del gozo»— y después la «Dulcis Placida» romana. Erigida en diócesis en 1199, sus obispos guerrearon en decisivas batallas de la Reconquista, como en la de las Navas de Tolosa.

¿Por qué se dijo de siempre que Plasencia es «meta de la libertad»?

Los placentinos grabaron en piedra la siguiente inscripción en su ayuntamiento el año 1489: «Ni todo el oro del mundo/, ni todas las piedras son preciosas/, ni todos los tesoros de la tierra, son comparables/ a la libertad de la vida.../ La libertad hizo noble al pueblo plecentino/. El futuro está en la libertad».

• A Pie

El edificio en el que se instala el Parador fue antiguo convento e iglesia de Santo Domingo, que fundara en el siglo XV la noble familia de los Zúñiga, en estilo gótico. Hay que visitar las catedrales vieja y nueva: la primera es de estilo románico y gótico la segunda. En esta última intervinieron los arquitectos Egas, Francisco de Colonia, Diego de Siloé y sobre todo Rodrigo Gil de Hontañón. De Gregorio Fernández son las tallas de su retablo Mayor y Ricci pintó dos cuadros. La portada principal es plateresca, obra de Juan de Álava. Hay que admirar sus altares barroco-churriguerescos, la sillería del coro y un crucifijo de Pompeio Leoni. La visita a la ciudad incluirá además parte del recinto amurallado y sus puertas, puentes de San Lázaro, Nuevo y Trujillo, el acueducto que inició Juan de Falnees, iglesias de San Pedro, San Esteban, San Nicolás, San Martín, San Salvador, Santa Ana, convento de las Claras, Casa del Deán, Palacio Episcopal, palacio de Don Nuño de Monroy o Casa de las Torres, palacio de Mirabel (con su torre del siglo XV, su museo de caza y busto de Carlos V de Pompeio Leoni), palacios de Almaraz y Grijalbas, Casas de Catalina del Barco, de las Infantas, de Pedro Sánchez de Grimaldo, de los Sosas, el Ayuntamiento y su «abuelo Mayorga», santuario de la Virgen del Puerto…

• En Coche

Las rutas que pueden trazarse desde Plasencia son muchas, de interés histórico y paisajístico. Entre los diversos puntos de destino resaltamos los siguientes: Ruta de la Plata, con los puntos de referencia de Hervás y su Judería y el balneario de Montemayor. Valle del Jerte, con mención especial para el tiempo en el que florecen sus cerezos. En el Valle del Tiétar se hallan los pueblos de Jarandilla de la Vera y su castillo del Emperador,

Interior del Parador de Plasencia.

Oferta gastronómica
Es muy rica, sustantiva y variada la gastronomía comarcal, entre cuyos platos destacamos las migas trashumantes, bacalao al estilo monacal, solomillos de retinto con criadillas y espárragos trigueros al aroma de la Vera, sopa de tomate verata, pollo a la Padre Pedro, tencas a la extremeña, zorongollo, cordero asado a las tres pimientas, pestorejo, queso de Plasencia, espuma de chocolate con picotinas del Jerte, *biscuit* de higos, leche frita, helado de higos… y licor de cerezas.

—parador de turismo— así como Cuacos y el Monasterio de Yuste, en el que murió Carlos V; el Parque Natural de Montfragüe es cita obligada para los amantes de la naturaleza. A poca distancia del mismo, Trujillo es oferta de historia, de arquitectura y de descubrimiento y encuentro con América, de la mano de Francisco Pizarro y Orellana. Las Hurdes es comarca tan atractiva como misteriosa. También lo es el cercano monasterio de El Palancar, fundado por San Pedro de Alcántara, en Pedroso de Acim, junto al embalse de Alcántara y su puente romano de Alconétar. Alcántara, con su colosal puente romano, es cita obligada de ecología, de santidad, de órdenes de caballería, de historia, de arte y de judaísmo… Cáceres, Brozas, Coria, La Sierra de Gata, Guadalupe y Garrovillas… son también tentaciones turísticas. Por último la ruta de los embalses y de las fiestas son asimismo muy atractivas.

Parador de Pontevedra «Casa del Barón»

Barón, 19
36002 PONTEVEDRA

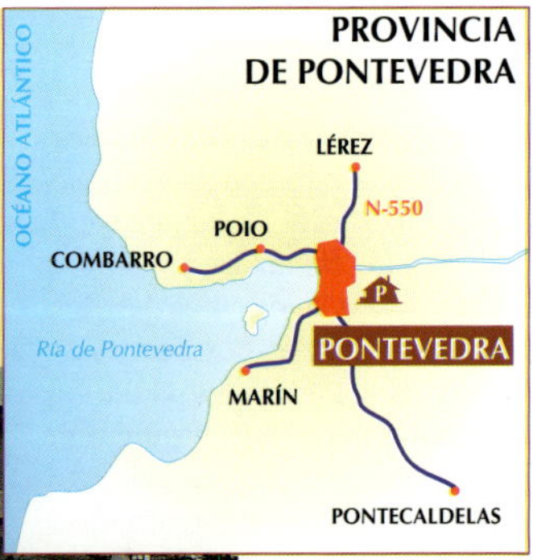

Conviene Saber

☎ 986 855 800
Fax: 986 852 195
pontevedra@parador.es
Localización: palacio
Categoría: ***
Precio: habitación doble 11.5000-15.000 pta

Desayuno: 1.300 pta
Comida/Cena: 3.200 pta
Habitaciones: 42 dobles, 1 indiv., 2 con salón
Instalaciones: bar, restaurante, calefacción, salón de convenciones, ascensor, teléfono, jardín
Tarjetas de crédito: AE, DC, EC, MC, V

¿Cuál es y a qué responde el nombre del Parador de Pontevedra?

Se denomina «Casa del Barón» por estar instalado en el pazo que fue de Maceda, propiedad última del Barón de Casa Goda.

¿Cuál es la historia de este pazo?

Se cree que el pazo fue levantado sobre las ruinas de una villa romana. En el siglo XVI fue totalmente rehecho y ampliado en el siglo XVIII por los Condes de Maceda, que le dieron su carácter de pazo. En la Casa de Maceda, su primer propietario fue don Benito de Lanzós, Grande de España. La familia lo fue heredando hasta pasar al Marqués de Figueroa y de la Atalaya, que perdió la vida en la batalla de Medina de Rioseco, luchando contra los franceses del general Bessieres, el día 14 de julio de 1808. El edificio fue escuela, alfojí de sal marina, logia de masones y casa de vecindad. Pasó a depender de los Barones de Casa Goda, cuyo último señor, don Eduardo de Vea y Navarro, lo restauró y amuebló con magnificencia y con gusto.

¿Cuáles son las características principales del pazo gallego?

Son edificaciones señoriales y suntuosas y su estilo está tomado de la arquitectura campesina y monástica, abandonando el carácter militar de los castillos y de las fortalezas medievales. Sus torres no tienen función guerrera alguna. Normalmente los pazos tienen planta rectangular con torreón almenado central o dos laterales, y capilla adosada. La fachada suele estar coronada de volutas, entre las que aparece el escudo nobiliario.

• A Pie

Al fondo de la ría que lleva su nombre, esta encantadora ciudad parece formar parte de un parque. Su casco antiguo es muy interesante con sus casas blasonadas. La Basílica de Santa María la Mayor es del siglo XVI, de estilo gótico-renacentista. Fue levantada por el gremio de mareantes y es el mejor ejemplar de estilo gótico isabelino. La de la «Divina Peregrina» es barroca, casi de forma redonda, de planta circular y barroca y curiosamente italianizante, siendo uno de los monumentos más originales de Galicia. El convento de San Francisco es gótico y en él se halla la tumba de Pío Gómez Charino. Uno de los monumentos más sorprendentes de Pontevedra es el constituido por los restos del Monasterio de Santo Domingo con sus cinco ábsides. Aquí se encuentra parte del Museo Arqueológico, con inscripciones, esculturas y heráldica. El Museo de Pontevedra se halla instalado en mansiones señoriales y contiene bustos romanos, azabaches compostelanos, orfebrería popular, cerámicas y pinturas antiguas y modernas. El convento de San Bartolomé es barroco. Merecen especial atención las plazas de la Leña, Teucro, Pedreira y Herrería. El pazo de la Ferreria reclama una visita.

• En Coche

Los monasterios cercanos que justifican una visita son los de Lérez, con vivos recuerdos de los PP. Feijóo y Martín Sarmiento, geniales benedictinos del siglo XVIII. Del monasterio de San Juan de Poyo, de la Orden Mercedaria, se dice que tiene una huerta tan buena como su biblioteca. Fue un gran foco de cultura gallega. Combarro, típica aldea de pescadores, está declarada Monumento Nacional y es uno de los centros mejor conservados de arquitectura rural gallega de los siglos XVII-XVIII. Posee muy representativos hórreos de piedra.

Salón de entrada al Parador.

Oferta gastronómica
Pulpo seco, pulpo fresco, vieiras en su concha, centollo, langosta, ensalada templada de rape y calabacín, merluza en compota de tomate al romero, ensalada de lubina marinada al eneldo, cordero al horno con miel, rape con almejas, merluza rellena de grelos, filloa de marisco con salsa de erizos, delicias de camarón, empanadas, trufas caseras…

• En la basílica de Santa María la Mayor se le rinde devoción al Cristo bajo la advocación turística del «Cristo del Buen Viaje».

• Se refiere que fue Teucro, el legendario personaje de Homero, el fundador de Pontevedra. Una plaza lo recuerda.

• En tiempos muy remotos, la ciudad se llamó «Helenes» y los romanos la bautizaron con el nombre de «Duos Pontes». En el siglo XII se hace referencia a «Pontis Veteris» —puente feudal y preponderante— en la encrucijada del Camino Portugués de Santiago. Fernando III le otorgó franquicias.

• La judería medieval fue tan importante que incluso llegó a acuñar moneda propia.

• Algunos sostienen que Colón nació en Portosanto. En sus astilleros fue construida la nao «La Gallega», que con el nombre de Santa María, propiedad de Juan de la Cosa, sería protagonista del Descubrimiento.

Parador de Puebla de Sanabria

Lago de Sanabria, 8
49300 Puebla de Sanabria ZAMORA

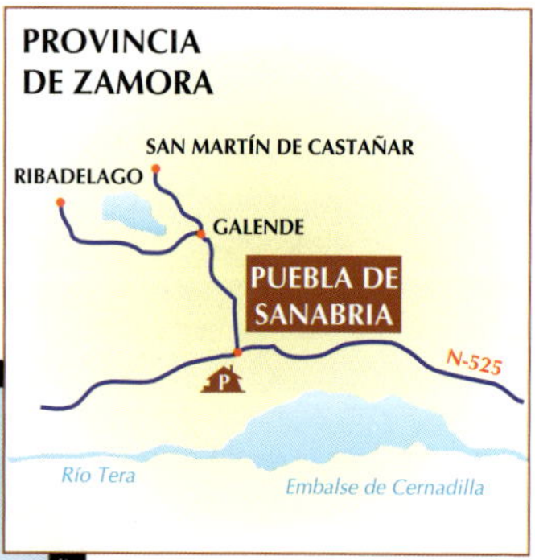

Conviene Saber

☎ 980 620 001
Fax: 980 620 351
puebla@parador.es
Localización: pl. del casco antiguo
Categoría: ***
Precio: habitación doble 11.500-13.500 pta

Desayuno: 1.300 pta
Comida/Cena: 3.200 pta
Habitaciones: 38 dobles, 6 individuales
Instalaciones: bar, restaurante, ascensor, salón de convenciones, teléfono, salón de juegos, garaje, jardín
Tarjetas de crédito: AE, DC, EC, MC, V

¿En qué lugar se ubica la ciudad de Puebla de Sanabria?

En el noroeste de la provincia de Zamora y cerca de la frontera portuguesa sobre un monte arriscado, en el valle del río Tera y de su afluente el Castro, se ubica la antigua «Urbs Sanabria», cabecera de extensa comarca. En tiempos visigóticos aparece citada como «Senabia». La nueva puebla data de Alfonso IX.

¿Cuál es la historia de su impresionante castillo?

El recio y bien conservado castillo, del cuarto conde de Benavente, es obra de la primera mitad del siglo XV y desempeñó un papel importante en las luchas contra Portugal.

¿Cómo se denomina su gran torreón?

Se denomina «El Macho» y desde él se admira un bello paisaje. Tiene como telón de fondo la ingente Peña Negra, con sus 1.538 metros de altitud.

• A Pie

El primer recinto del castillo es conocido como «plaza militar» y en parte de él se arracima el caserío, pintoresco, con casonas hidalgas blasonadas. En un segundo recinto, más abajo del primero, se halla la plaza presidida por el ayuntamiento de estilo isabelino, con severos torreones y es del tiempo de los Reyes Católicos. La iglesia parroquial de nuestra Señora de la Asunción es románica, del siglo XII, de granito rojo, con pila bautismal muy decorada del siglo XIII. Posee una sencilla portada románica con cuatro rústicas esculturas de pizarra, ataviadas con los trajes del siglo XI. A pie hay que dedicarse a pasear por los alrededores del pueblo, así como a callejear, admirando su típico caserío, de estilo en gran parte galaico.

• En Coche

En Lobeznos, merece ser admirada su iglesia parroquial de piedra de sillería con valioso artesonado. Merece asimismo ser contemplada la procesión del día de la Ascensión, en la que hombres y mujeres van vestidos con el sudario que en su día les servirá de mortaja. En el término de Galende se halla el Lago de Sanabria, de origen glaciar, a una altitud media de 997 metros, con una superficie de 368 Ha y un volumen de agua de más de 105 millones de metros cúbicos. Su profundidad media es de 46 metros. El paraje es de extraordinaria belleza, con posibilidades de ejercicio de deportes náuticos y de pesca. Es el más grande de los lagos españoles de origen glaciar. En su entorno existen multitud de leyendas. En las inmediaciones de San Martín de Castañeda se halla una iglesia románica del siglo XI. El pueblo tuvo antiguo monasterio fundado en el 921, que en principio fue habitado por monjes mozárabes y luego en 1150, por benedictinos. Junto a la orilla occidental se halla el nuevo pueblo de Ribadelago, que fuera arrasado por las aguas del embalse del Tera hace unos años. La oferta de naturaleza de este Parador es muy rica, con posibilidades de desplazamiento a las sierras Cabrera Baja y Segundera, Parque Natural del Lago, Sierra de la Atalaya, Sierra de Tejera, de Morabán, de la Culebra…

• En estos lugares florece una planta rarísima en Europa. Se trata de la «Geranium Bohemicum L», que sólo se conocía en los Alpes y que fue descubierta por el botánico T. Mariano Losa.

• Don Miguel de Unamuno se inspiró en estos parajes para escribir su novela *San Manuel Bueno, mártir:* «San Martín de Castañar/espejo de soledades,/el lago recuerda edades,/de antes del hombre y se queda…».

Dos aspectos del Parador.

Oferta gastronómica
El célebre pulpo, ligado inseparablemente a las romerías y a las fiestas; habones de Sanabria de los que es fama que «entran ocho por docena»; trucha asalmonada «a la tranca», presas de ternera asada con un condimento especial, chuletón sanabrés, cabrito asado, reinetas asadas…

Parador de Puerto Lumbreras

Avda. de Juan Carlos I, 77
30890 Puerto Lumbreras MURCIA

Conviene Saber

☎ 968 402 025
Fax: 968 402 836
pto.lumbreras@parador.es
Localización: carretera
Categoría: ***
Precio: habitación doble 11.500-12.500 pta

Desayuno: 1.200 pta
Comida/Cena: 3.200 pta
Habitaciones: 52 dobles, 8 individuales
Instalaciones: aire acondicionado, calefacción, restaurante, bar, teléfono, aparcamiento, piscina, jardín, acceso discapacitados
Tarjetas de crédito: AE, DC, EC, MC, V

¿A qué concepto caminante hace referencia el nombre del Parador de Puerto Lumbreras?

Situado este Parador al sur de la Comunidad Autónoma de Murcia y a poca distancia de Lorca, el término «Puerto» no hace referencia al mar, ni tampoco a cualquier accidente de montaña. Parece hacer referencia a la historia del lugar que siempre ha sido y sigue siendo «puerta» del camino de Murcia a Andalucía, en sus dos ramales de Granada y Almería.

¿De qué anterior edificio puede ser herencia el actual, aunque de moderna factura?

Posiblemente es herencia de una antigua Casa de Postas, de una venta o de alguno de los ancestrales mesones de vino duro y de queso seco que se ubican en los lugares más estratégicos de concurridos caminos desde tiempos antiguos.

¿Qué coincidencia particular tiene este Parador con otros paradores?

La historia de este Parador de carretera coincide con la de otros, como los de Bailén, Benicarló, Aranda de Duero, Villacastín, La Bañeza y Medinaceli… que, con el nombre de «Refugios de Carretera» prestaron tan felices servicios en tiempos pasados.

• A Pie

En esta villa murciana que señala el límite con Andalucía, sus gentes vivieron al amparo de la fortaleza cuyos restos aún se conservan en el cerro que lleva su nombre. Está declarado de Interés Histórico el edificio del Ayuntamiento situado en la Plaza de la Constitución. Destaca de modo especial el paraje cercano conocido como Huerta del Esparragal.

Oferta gastronómica
«Zaragolo» y «mirichones», pastel murciano, costillas de cordero con patatas fritas al ajo cabañil, ensalada murciana, caldero marino a base de arroz y pescado, berenjenas a la crema, pimientos rellenos. En repostería, arrope, calabazate, leche frita, cordiales, tortas de Pascua, alfajores de Alá, fanfarrona y picardías de Lorca. Vinos de Jumilla.

• En Coche

La oferta turística de este Parador de carretera se encuentra fundamentalmente en la ciudad monumental de Lorca, distante tan sólo quince kilómetros. Su castillo está declarado Monumento Nacional y cuenta con las torres Alfonsina y la del Espolón y una fortaleza. Dentro de su recinto se encuentra la ermita de San Clemente, primera iglesia de Lorca. El importante conjunto monumental de la ciudad está compuesto por los siguientes edificios: parroquias de Santa María, San Pedro y San Juan. La Colegiata de San Patricio es Monumento Nacional; Colegio de la Purísima; el Porche de San Antonio, del siglo XIII, es el nombre de una de las puertas de la ciudad; Palacio de Guevara con su rica arquitectura barroca; la iglesia de San Francisco es también Monumento Nacional; Santuario de las Huertas, del siglo XIII; iglesia de San Mateo; los conventos de la Merced y Santo Domingo; El Pósito era el antiguo granero de la ciudad y hoy es el Archivo Histórico Municipal; el Casino; gran número de casas blasonadas en las calles Selgas y el casco antiguo, como la Casa de los Mula, de los Alburquerque y del Corregidor. Su Semana Santa está declarada de Interés Turístico Nacional. A ochenta kilómetros del Parador de Puerto Lumbreras se encuentra la ciudad de Murcia que, entre otros, cuenta con estos atractivos turísticos monumentales: la Catedral y la Capilla de los Vélez, iglesia de los Pasos de Santiago, Monasterio de Santa Clara, iglesia y Palacio de San Esteban, iglesia de la Merced, iglesias de Santa Ana, San Miguel, Santo Domingo, San Juan de Dios, San Juan Bautista, Las Agustinas, Santa Eulalia, San Lorenzo, San Bartolomé, San Andrés, San Nicolás, Santa Catalina, San Pedro, El Carmen, Palacio Episcopal, iglesia de Verónicas, Palacio de los Fontes, Almudí, La Misericordia, Paseo del Malecón, Puente Viejo y Virgen de los Peligros, Plaza de los Camachos, Ayuntamiento, palacio de Floridablanca, Castillo de Monteagudo, Castillo de la Luz, Santuario de la Fuencisla. Diversos museos entre los que resalta el dedicado a Salzillo...

• En la artesanía de Lorca resaltan los siguientes productos: cerámica decorada, colchas y jarapas, alfombras de lana, bordados con filigranas de seda y oro que pueden admirarse en los ricos mantos de las imágenes.

• Entre los «blancos» y los «azules» se establecen auténticas rivalidades en la Semana Santa lorquina.

• El Cejo de los Enamorados es lugar en Lorca al que se suele ir de excursión.

• «Antes ladrón que cuatrero/; antes cuatrero que fraile/, antes fraile que de Lorca/, porque de Lorca no hay antes».

PARADOR DE RIBADEO

Amador Fernández, 7
27700 Ribadeo LUGO

Conviene Saber

☎ 982 128 825
Fax: 982 128 346
ribadeo@parador.es
Localización: litoral
Categoría: ***
Precio: habitación doble 12.500-15.000 pta
Desayuno: 1.300 pta

Comida/Cena: 3.200 pta
Habitaciones: 41 dobles, 3 individuales, 3 con salón
Instalaciones: bar, restaurante, teléfono, calefacción, ascensor, garaje, jardín, acceso discapacitados
Tarjetas de crédito: AE, DC, EC, MC, V

¿En qué lugar de Galicia se halla la ciudad de Ribadeo y su Parador de Turismo?

Exactamente en la desembocadura del río Eo, con la maravillosa vista de la costa asturiana y de los pueblos de Castropol, Figueras y Vegadeo. El Parador, edificio moderno, está ubicado en una especie de balcón natural a la margen izquierda del río.

¿Cuáles son algunos rasgos históricos de Ribadeo, que pueden ser significativos para su visita turística?

Fue desde antiguo villa señorial y en la Edad Media, el rey Fernando II de León hizo de ella sede episcopal. Por decisión de Enrique II fue también condado. Su rica historia entronca con la antigua factoría fenicia y la urbe romana.

¿Qué tipo de viviendas son las que más abundan en Ribadeo?

Abundan las nobles casas blasonadas, así como las modernas y recargadas residencias de los indianos. En el siglo XIX fue muy creciente el comercio con América y fueron muchos los que emigraron al Nuevo Continente.

• A Pie

Los principales monumentos que hay que visitar en Ribadeo son, entre otros, la Colegiata de Santa María del Campo, que fue antigua catedral, levantada en el siglo XVIII. La capilla de la Santísima Trinidad es de los siglos XII-XIII. El convento de Santa Clara o Monasterio de las Clarisas es del siglo XII-XIV. La Casa Consistorial es conocida también como «Palacio del Marqués de Sargadelos». En la Plaza de España está erigido un busto al Viejo Pancho, poeta uruguayo nacido en Ribadeo. La Casa dos Morenos tiene acusados elementos modernistas. Del siglo XVIII data la Aduana Vieja y permanece como símbolo del pasado esplendor comercial de la villa. Desde el Mirador de A Atalaia se divisa una panorámica preciosa de la ría. En el Fuerte de San Damián se ubica el Museo Municipal y es fortaleza del siglo XVIII. La Capilla del siglo XIII luce un precioso retablo barroco y fue un antiguo baluarte.

• En Coche

Entre las diversas opciones viajeras que se ofrecen desde el Parador de Ribadeo, optamos en esta ocasión por dirigirnos hacia Mondoñedo. Sede episcopal en la actualidad, fue una de las siete capitales de provincia del reino de Galicia hasta el año 1833. Su catedral se inició en 1233, es de estilo románico, con elementos góticos. Son muy preciadas las pinturas murales. La Sala Capitular y la Sacristía tienen bóveda estrellada. El claustro es de estilo herreriano. La gran fachada del siglo XVIII está flanqueada por dos torres cuadrangulares con balaustrada, aunque conserva la portada románica y un hermoso rosetón. En el casco antiguo de la ciudad abundan las calles enlosadas y estrechas y las casas con soportales. Resaltan la iglesia de San Pablo, la antigua Casa Consistorial, la iglesia de los Remedios y el convento de San Pedro de Alcántara en la ladera del Enfesta. En Lorenzana destaca el impresionante Monasterio de Vilanova, fundado en el siglo X por el conde santo Osorio Gutiérrez. La fachada actual es del siglo XVII. En la sacristía de la iglesia se guarda uno de los relicarios más ricos de Galicia. En la parroquia de Argomoso, en la falda de Supena, se halla la entrada de la Cueva del Rey Cintolo o Cintoulo, con una longitud de 150 metros, y corrientes subterráneas de aguas y, sobre todo, con muchas leyendas. San Martín de Mondoñedo fue la primera sede del obispo Dumio, con prelados de tanta relevancia como San Rosendo. Reviste especial interés arquitectónico la parroquia, encontrándose también lo mejor del románico de la provincia de Lugo. Muy cerca se halla la ermita en la que refiere que San Gonzalo logró hundir con sus oraciones las naves de los piratas normandos.

• Don Antonio Raimundo Ibáñez, primer marqués de Sargadelos, alcanzó su título en 1808 por los servicios que prestó a los Borbones y a Godoy. Fue retratado por Goya. Emigró al Perú y levantó la primera fábrica de porcelana en Sargadelos.

• La cerámica de Sargadelos es muy valorada internacionalmente y en importantes museos se exponen muy curiosas piezas.

• Mondoñedo, en frase de Álvaro Cunqueiro, «es rica en pan, en aguas, en recoletos huertos de camelias, naranjos y mirlos».

• Uno de los obispos de Mondoñedo, fray Antonio de Guevara, fue cronista de Carlos V y escribió el célebre libro *Menosprecio de corte y alabanza de aldea.*

Oferta gastronómica

Empanada de longueiros, mariscos y pescados a la plancha, bacalao con verduras, navajas con arroz, caldeirada, empanadas de mejillones, vieiras en su concha al Albariño, solomillo valle del Eo, tarta de Santa Cruz, requesón con miel, columnetas de almendra, bizcochos almendrados, chulas en leche… Y vinos Ribeiros y Rías Baixas.

PARADOR DE RONDA

Plaza de España, s/n
29400 Ronda MÁLAGA

Conviene Saber

☎ 952 877 500
Fax: 952 878 188
ronda@parador.es
Localización: ciudad
Categoría: ****
Precio: habitación doble 15.000-18.000 pta

Desayuno: 1.300 pta
Comida/Cena: 3.700 pta
Habitaciones: 69 dobles, 1 con salón
Instalaciones: aire acondicionado, teléfono, bar, restaurante, calefacción, ascensor, garaje, piscina, jardín, TV, cambio de moneda
Tarjetas de crédito: AE, DC, EC, MC, V

¿En qué lugar se ubica en Ronda su Parador de Turismo?

El edificio del Parador, cuya construcción ha sido tan respetuosa con su entorno, se levanta en el espacio ocupado por el antiguo Mercado de Abastos y el primitivo Ayuntamiento de Ronda. El edificio conserva su fachada original a la Plaza de España, manteniendo las bellas arcadas, huecos de fachada, la cornisa que define la Plaza y el torreón, cuyos sillares y revocos han sido reparados, en fidelidad a conservar lo máximo posible el edificio original.

¿Qué característica especial tiene el entorno del Parador?

Al borde de su parcela y en su fachada al «Tajo», se ha diseñado un paseo peatonal para unir la Plaza de Blas Infante con la Plaza de España, rodeando el Parador y adaptándose a la topografía por medio de escaleras, rampas y miradores, con lo que el conjunto queda integrado en la trama urbana de la ciudad. En el espacio delimitado por la «L» del edificio y el borde del «Tajo» —impresionante hendidura de 160 metros de profundidad— hay amplio jardín para uso de clientes, en el que se sitúan una piscina, áreas de paseos y zona verde.

¿Cuál ha sido la inversión total en este Parador?

La ejecución de las obras ha supuesto una inversión global estimada de 1 300 millones de pesetas. Las obras de construcción han sido llevadas a cabo por la Secretaría General de Turismo del Ministerio de Comercio y Turismo y la decoración y amueblamiento del edificio han sido realizados bajo la dirección y supervisión de Paradores, por los decoradores Pascual Ortega y Javier Muñoz.

• A PIE

Entre los templos destacan la Colegiata de Santa María la Mayor, edificada en 1405 sobre una mezquita, de la que se conserva la torre. El del Espíritu Santo fue erigido por los Reyes Católicos, para conmemorar la conquista de la ciudad. De los edificios civiles merecen destacarse la casa del Rey Moro, con jardines; los palacios de Mondragón en los que residieron los Reyes Católicos; de Salvatierra, de Montecristo; la Casa del Gigante; las casas colgadas sobre el «Tajo»; la posada de Ánimas, la Torre —antiguo alminar— de la desaparecida iglesia de San Sebastián; el arco del Cristo; la puerta de las Imágenes, del antiguo recinto árabe; el Puente Nuevo del siglo XVIII; la Alameda con sus miradores...

• EN COCHE

Entre tantas bellezas y tantos paisajes, resalta la Cueva de la Pileta, que es la más famosa cueva prehistórica de la provincia de Málaga. En su interior dispone de galerías y cavidades de dos pisos. En ella se admiran las primeras manifestaciones artísticas del hombre, por ejemplo, en los dibujos de la yegua preñada, las trampas, los rebecos, los bueyes y caballos. Se atribuyen a estos dibujos 25.000 años de antigüedad. Cerca están las cuevas del Hundidero y del Gato. Se trata de un curioso sistema de circulación cárstica: por la primera aparece el arroyo Gaduares que, después de un curso subterráneo de cuatro kilómetros, reaparece por la cueva del Gato. La Pileta se encuentra cerca de Benaoján y Jimera de Líbar. A diez kilómetros de Ronda está Ronda la Vieja —«Acinipo»—, que conserva un teatro romano, con muro de escena, cávea, vomitorios y camerinos.

• Ronda posee una excepcional oferta de naturaleza en el Pinsapar, bosque de pinsapos en la Sierra de las Nieves, que puede ser visitado, partiendo del kilómetro 13 de la carretera de Ronda a San Pedro de Alcántara.

Aspecto del Parador.

Oferta gastronómica
Entre los platos típicos de Ronda resaltan los de la «Perdiz rondeña», salmorejo en costra de pan, conejo a la rondeña, ajo blanco, sopa de almendras, yemas del Tajo, rosquillas, tortitas de miel, castañas en almíbar, Miel del bosque...

• La Plaza de Toros de la Maestranza de Ronda es una auténtica reliquia. Fue construida en 1785 por el arquitecto Martín de Aldehuela y su gradería es de piedra, con portada neoclásica. Fue cantada por Federico García Lorca. En ella sentaron cátedra en el arte de torear las figuras del toreo Romero y Ordóñez.

• «He buscado por todas partes la ciudad soñada y al fin he encontrado Ronda»: confesaba el poeta alemán Rilke al descubrir con asombro la capital de la Serranía.

• En la posada de las Ánimas de comienzos del siglo XVI, consta que se albergó don Miguel de Cervantes.

• Ronda conserva unos baños árabes del siglo XIV, bellas e interesantes huellas de su pasado musulmán.

• Ronda y su Serranía fueron propicias para el legendario bandolerismo, con personajes como José María el Tempranillo o «Pasos Largos».

PARADOR DE SALAMANCA

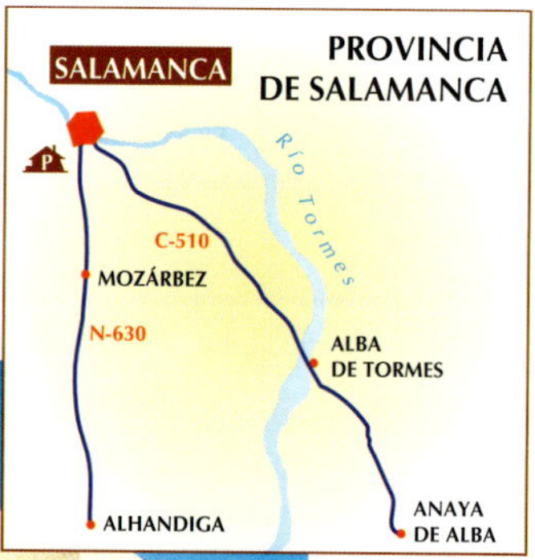

Teso de la Feria, 2
37008 SALAMANCA

Conviene Saber

☎ 923 192 082
Fax: 923 192 087
salamanca@parador.es

Localización: sobre la ciudad
Categoría: ****
Precio: habitación doble 14.500-16.500 pta
Desayuno: 1.300 pta
Comida/Cena: 3.500 pta
Habitaciones: 104 dobles, 4 con salón
Instalaciones: aire acondicionado, calefacción, ascensor, salón de convenciones, teléfono, restaurante, bar, garaje, piscina, tenis
Tarjetas de crédito: AE, DC, EC, MC, V

¿Dónde se halla ubicado el Parador de Salamanca?

Construido de nueva planta, al margen izquierdo del río Tormes, sobre una pequeña ondulación del terreno, con magnífica panorámica de la ciudad, en la que destacan las dos catedrales, la iglesia-convento de San Esteban, las torres de la Clerecía y los puentes del río.

¿Cómo definió a Salamanca don Miguel de Cervantes, allá en el siglo XVII?

«Advierte, hija mía, que estás en Salamanca, que es llamada en todo el mundo madre de las ciencias y que de ordinario cursan en ella y habitan diez o doce mil estudiantes, gente moza, antojadiza, arrogada, libre, aficionada, gastadora, discreta, diabólica y de buen humor...» Dijo asimismo en otra ocasión el autor de Don Quijote: «Salamanca, que enchiza la voluntad de volver a ella, a todos los que de la apacibilidad de su vivienda han gustado».

¿Cómo describió a Salamanca don Miguel de Unamuno?

«Alto soto de torres que al ponerse/ tras las encinas que el celaje esmaltan/ sol de Castilla;/ bosque de piedras que arrancó la historia/, a las entrañas de la madre tierra,/ remanso de quietud, yo te bendigo/, ¡Mi Salamanca!».

• A Pie

La ciudad de Salamanca es toda ella un museo al aire libre, por lo que ha merecido el título de «Patrimonio de la Humanidad». El plateresco es su estilo predilecto. Entre tantos edificios y lugares, hay que admirar, la Catedral Vieja con su Torre del Gallo, retablo mayor y sepulcros. La Catedral Nueva con sus tres puertas —sobre todo la del Perdón— y capillas y sacristía, con maravillosas obras de arte. La Plaza Mayor es la más impresionante de España. La Clerecía es del siglo XVII. Colegio de Anaya, Colegio de Irlandeses, Convento de Calatrava, de las Dueñas, y de las Úrsulas, Casa de las Conchas, Casa de las Muertes, Casa de Salinas, Casa de los Abarca, Casa de Solís, Palacio de Monterrey, Palacio de Orellana, iglesia-convento de San Esteban, iglesias de Sancti Spiritu, San Marcos, San Julián, San Martín, Santa María de la Vega y las Agustinas, Casa Museo de Unamuno, Ayuntamiento, Casa de santa Teresa, Puente romano, Museo de Bellas Artes, Universidad y su impresionante fachada, biblioteca y aulas de Fray Luis de León y el Maestro Salinas, Escuelas Menores, patio y escalera claustral, Torre del Clavero, Torre del Aire, plaza de San Boal, Plaza de los Bandos, Casa de Doña María la Brava…

• En Coche

Entre tantas opciones viajeras como pueden proponerse desde el parador de Salamanca, en esta oportunidad hacemos la sugerencia de visitar Alba de Tormes. En el plano monumental destacan las iglesias románico-mudéjares del siglo XII de Santiago Apóstol, la de San Juan, la de San Miguel o de la Cruz y la de Santo Domingo… Entre sus numerosos conventos hay que citar los de Santa Isabel, con artesonado mudéjar, y el de la Anunciación, que fue fundado por santa Teresa en 1571 y que en la actualidad guarda sus más sagradas reliquias. Los recuerdos históricos de la Villa están relacionados con la Casa de Alba, como el Torreón del Homenaje del castillo de los Duques. Hay restos de una calzada romana y el puente sobre el Tormes. Entre sus conjuntos de interés resaltan la plaza de las Madres, el parque de El Espolón y el acceso a la calle Juderías.

• El puente romano de Salamanca está relacionado con el personaje literario de El Lazarillo de Tormes. Su toro o verraco protagonizó una de las más celebradas travesuras de este personaje de ficción de la literatura universal.

• De la Plaza Mayor de Salamanca, obra de Alberto de Churriguera y de Andrés García de Quiñones, se asegura que es la más grandiosa y bella de las plazas mayores de España.

• El convento de San Esteban está muy relacionado con Cristóbal Colón. En él discutió el Almirante sus proyectos descubridores con los teólogos dominicos, sobre todo con fray Diego de Deza.

Convento de San Esteban, Salamanca.

Oferta gastronómica
Asados, caza, capón en escabeche, lomo de cerdo ibérico, sopa castellana, revueltos de ajetes con gambas, lechazo a la brasa, chuletillas de lechazo, cabrito asado, tostón al horno, arroz con leche, natillas, flan, cuajada, tarta de San Marcos, tarta de chocolate…

PARADOR DE EL SALER «LUIS VIVES»

Avenida Pinares, 151
46012 El Saler VALENCIA

Conviene Saber

☎ 961 611 186
Fax: 961 627 016
saler@parador.es
Localización: playa
Categoría: ****
Precio: habitación doble 18.500-19.500 pta
Desayuno: 1.300 pta
Comida/Cena: 3.700 pta
Habitaciones: 57 dobles, 1 con salón
Instalaciones: aire acondicionado, calefacción, restaurante, bar, teléfono, salón de convenciones, fútbol, golf, piscina, playa, jardín, garaje, tenis
Tarjetas de crédito: AE, DC, EC, MC, V

¿Cuál es y a qué responde el nombre del Parador de El Saler?

Se denomina «Luis Vives», con referencia a Juan Luis Vives, humanista y filósofo español nacido en Valencia en 1492, que enseñó en el Colegio Trilingüe de Lovaina, donde conoció a Erasmo de Rotterdam y a Tomás Moro. Luis Vives fue preceptor de la princesa María, hija de Enrique VIII de Inglaterra y Catalina de Aragón, y se empeñó en lograr un renacimiento de valores del mundo clásico y la implantación de una nueva pedagogía.

¿En qué lugar se encuentra este Parador de la Comunidad Valenciana?

El Saler se halla al norte de La Dehesa —la antigua «Devesa»—, estrecha faja de pinar y monte bajo que separa La Albufera del Mediterráneo, con magníficas vistas a ambos lados.

¿Qué importante literato valenciano describió en sus obras estos lugares?

Blasco Ibáñez, en su obra *Cañas y Barro* describe este lugar como bosque tupido, con leyendas siniestras, fauna amenazadora y área de cacerías casi pertenecientes a la época rupestre.

• A Pie

Una tentación atractivamente turística a satisfacer desde el Parador de El Saler es la visita de La Albufera, que es una de las zonas húmedas de mayor importancia en la costa mediterránea. La laguna está separada del Mediterráneo por la Devessa de La Albufera, conocida como El Saler, cordón de dunas que permite la comunicación con el mar a través de tres canales. Además de los arrozales, la pesca ha sido una actividad fundamental. En El Palmar, la anguila fue la especie capturada por excelencia. Partiendo de una superficie inicial estimada en 30.000 has, que ya en el siglo XVI eran 15.000, hoy tan sólo son 2.800 Ha. Tiene una gran importancia para la fauna, sobre todo para las aves, de las que se concentran decenas de miles acuáticas, muchas de las cuales también nidifican en La Albufera y otras la utilizan en sus migraciones. En El Palmar hay numerosos merenderos y restaurantes en los que las anguilas, los patos salvajes y el arroz constituyen el plato típico.

• En Coche

La ciudad de Valencia tiene argumentos múltiples para justificar su visita. El recuento de sus monumentos es glorioso y casi único: la iglesia de Nuestra Señora de los Desamparados, el Palacio de la Generalitat, la calle de los Caballeros, la Lonja, iglesia de San Nicolás y de los Santos Juanes, el Mercado Central, iglesia de Santa Catalina, Plaza Redonda, iglesia de San Martín, Museo de Cerámica instalado en el Palacio del Marqués de Dos Aguas, Museo de San Pío V, Colegio del Patriarca o del Corpus Christi y Museo, Universidad, Torres de Serrano y de Quart, el Almudín, Instituto Valenciano de Arte Moderno, Plaza del Ayuntamiento, Estación del Norte, Convento de Santo Domingo, Jardines del Real, Museo de Prehistoria... Especial mención reclama la Catedral, que ocupa el lugar de una antigua mezquita y en la que sobresale la puerta de los Apóstoles en la que se reúne el Tribunal de las Aguas y la torre octogonal del Miguelete, símbolo de la Ciudad. Es digna de ser admirada la Capilla del Santo Cáliz y el Museo.

Habitación del Parador.

Oferta gastronómica

La paella y los arroces en sus más distintas versiones, pimientos del piquillo con salsa de chipirones, mariscos cocidos, ostras al natural, asados a la sal, calderetas de pescado, ensalada templada de berenjenas y vieiras, «all i pebre» de rape y langostinos, fideuá, suquet de rape, filetes de lenguado con salsa de mostaza, ensalada de boquerones y pulpo, rape a la mantequilla de romero, muslo de pato confitado al vino oloroso... Naranjas, capuchina con espuma de te y chocolate, sorbetes, helados, helado de queso con frutos del bosque, crema valenciana, nata y nueces, milhojas de café y nata, crema de naranja tostada, tarta de avellana, calabaza asada con nueces y miel...

• El nombre árabe de La Albufera quiere decir «pequeño mar» o «laguna» y ésta es la mayor laguna de agua dulce de España.

• Hay constancia de que desde el siglo XIII se cultivaba ya el arroz en La Albufera.

• Además de comer y de pasear en barca por La Albufera, hay que admirar la puesta de sol en la laguna, que suele definirse como «El Llauent».

Parador de Santiago de Compostela «Reyes Católicos»

Plaza del Obradoiro, 1
15705 Santiago de Compostela A CORUÑA

Conviene Saber

☎ 981 582 200
Fax: 981 563 094
santiago@parador.es
Localización: convento-hospital
Categoría: *****GL
Precio: habitación doble 26.500 pta

Desayuno: 1.800 pta
Comida/Cena: 3.800 pta
Habitaciones: 118 dobles, 12 indiv., 6 con salón
Instalaciones: aire acondicionado en salones, bar, garaje, calefacción, jardín, convenciones, restaurante, exposiciones, fiestas, peluquería
Tarjetas de crédito: AE, DC, EC, MC, V

¿Cuál es y a qué responde el nombre del Parador de Santiago?

Se denomina «Hotel de los Reyes Católicos» por haber sido los reyes Fernando e Isabel quienes por medio de una Real Cédula lo fundaron como Hospital Real en 1499 «para hospedaje de peregrinos… faciendo un hospital a nuestras costas».

¿Cuál es la historia de este «Hotel de los Reyes Católicos»?

Diez años tan sólo duraron las obras «hotel más antiguo del mundo». La obra fue trazada por Enrique Egas y terminada por el impulso que entre los años 1509 y 1511 le dio don Diego de Muros.

¿Qué otros artistas intervinieron en su construcción y decoración?

Su estilo plateresco hace pensar en Illescas, Salamanca o Toledo. La rica portada central fue ejecutada por los maestros franceses Martín de Blas y Guillén Colas. En 1678 rehizo la fachada fray Tomás Alonso. En la obra del Hospital Real intervinieron también Petitt Juan, maestre Felipe o Cornelis de Holanda, Lucas Ferre Caaveiro y Sixto de Frixia. El conjunto resulta ser una de las primeras obras de la arquitectura española. La Plaza del Obradoiro, en la que se ubica, es una de las más bellas del mundo, formada por la catedral compostelana en su puerta del Obradoiro, el Palacio Raxoy y el Colegio de San Jerónimo. Estos cuatro portentosos edificios son además otros tantos signos de la mejor estructuración de la vida ciudadana, con espacios naturales abiertos.

• A Pie

La Catedral, de finales del siglo XI, es el monumento románico más importante de España. Guarda las reliquias sagradas del Apóstol Santiago. Sobresalen sus portadas, plazas, capillas, el presbiterio, el museo, su Pórtico de la Gloria, botafumeiro, sus torres, el claustro, la sacristía, la cripta, la Torre del Reloj, la Torre del Tesoro… Esta ciudad «Patrimonio de la Humanidad» reclama ser visitada toda ella muy atenta y documentadamente. Éstos son algunos de sus puntos de referencia más importantes: Palacio de Gelmírez, Ayuntamiento y Presidencia de la Xunta, Colegio de San Jerónimo, Rúa do Franco, Rúa do Vilar, Monasterio de San Martín Pinario, Monasterio de San Paio Antealtares, Colegio Fonseca, Capilla de las Ánimas, Santa Clara, San Francisco, Santa María la Real del Sar, la iglesia de la Compañía, San Fiz de Solovio, Santa María del Campo, Santa María Salomé, Santa Susana, Casa de los Canónigos, Casa de la Troya, San Miguel Dos Agros, Universidad, Arco de Mazarelos, Santo Domingo de Bonaval con el Panteón de gallegos ilustres y diversos museos, Hospital y Capilla de San Roque, Parque de la Alameda…

• En Coche

En Iria Flavia hay que admirar la «Fundación» de Camilo José Cela, Casa de los Canónigos, Museo de Arte Sacro, iglesia arciprestal de Santa María de Adina y recuerdos de Rosalía de Castro. En Padrón se ubica el Museo de Rosalía de Castro, la iglesia de Santiago, con el ara romana, piedra o «pedrón» a la que ataron la barca los discípulos de Santiago, la Fuente del Apóstol, el convento del Carmen, la ermita de Santiaguiño del Monte y el convento de San Francisco e iglesia de Santa María de Hebrón. Es obligada también la excursión a Finisterre, con su Cristo de la Barba Dorada y su «Ara Solis» romana.

• Compostela puede significar «Campus Stellae» —«campo de la estrella»—, «Campus Apostoli» —'campo del Apóstol'— o «Compositum» o 'pequeño cementerio'.

• Es tradición que entre los años 812-814, en el reinado de Alfonso II el Casto, apareció el sepulcro del apóstol Santiago «en un lugar silvestre y apartado en medio de cantos y luminarias», y fue el ermitaño Payo o Pelagio quien así se lo hizo ver a Teodomiro, obispo de Iria Flavia.

• El Camino de Santiago fue y es recorrido por reyes, obispos, nobles, santos, artistas… Hoy ha sido declarado «Patrimonio de la Humanidad» y es uno de los escenarios más impresionantes del orbe católico, sobre todo en los años santos.

Patio del Parador.

Oferta gastronómica

Mariscos y pescados, rodaballo a la gallega, caldo gallego, ensalada de mariscos, caldeira de pescados, carnes gallegas, parrillada de pescado, rodaballo al horno, merluza con vieiras, lasaña de mariscos, bacalao asado con fabes al unto, dorada a la plancha, pulpo con patatas, lamprea en salsa, tarta de Santiago, filloas, flan, cañas con crema y vinos gallegos.

PARADOR DE SANTILLANA DEL MAR «GIL BLAS»

Plaza Ramón Pelayo, 11
39330 Santillana del Mar CANTABRIA

Conviene Saber

☎ 942 818 000
Fax: 942 818 391
santillana@parador.es
Localización: casa solariega en casco antiguo
Categoría: ***
Precio: habitación doble 15.000-17.500 pta

Desayuno: 1.300 pta
Comida/Cena: 3.500 pta
Habitaciones: 48 dobles, 3 individuales, 3 con salón
Instalaciones: bar, calefacción, restaurante, teléfono, sauna, garaje, jardín, ascensor
Tarjetas de crédito: AE, DC, EC, MC, V

¿Cuál es y a qué responde el nombre del Parador de Santillana?

Se denomina «Gil Blas», héroe de la novela del mismo nombre, pícaro y legendario, creado por la pluma de Lesage. El autor francés no conocía España y la Santillana de su obra neopicaresca no se parecía en nada a la realidad, pero su fama alcanzó una popularidad inmensa desde la publicación de la novela en 1715.

¿En qué lugar se encuentra este Parador de «Gil Blas»?

Se ubica en la casa solariega de los Barreda-Bracho, con fachada de cuidada sillería, ventanales enrejados y sobrios balcones. Ofrece el mismo sabor medieval que todo el conjunto de Santillana, que da la impresión de permanecer todavía en pleno siglo XIV. Es uno de los pueblos mejor conservados, más típicos, más pintorescos y de mayor interés turístico de España. Todo él está declarado Monumento Nacional.

¿Cuál es la historia de Santillana del Mar?

El pueblo, cuyo nombre es contracción de «Santa Juliana», nació junto al monasterio que guardaba las reliquias de esta santa mártir del Asia Menor. Fue célebre centro de peregrinación de la Edad Media, convertido después el monasterio en Colegiata en el siglo XI. En su palacio de la calle del Cantón vivió Iñigo López de Mendoza, Marqués de Santillana, el autor de «Las Serranillas».

• A Pie

En primer lugar hay que visitar y admirar la Colegiata, cuya cabecera es de estilo románico muy puro, así como su claustro del siglo XII. Los capiteles fueron tallados por una mano maestra. En el centro de la nave se halla el sepulcro de Santa Juliana, tallado en el siglo XV. El frontal de plata repujada en México es del siglo XVI. Resaltan además las imágenes de los cuatro Apóstoles en piedra y el retablo hispano-flamenco. En Santillana hay que admirar además la Plaza Mayor, torre de Borja-Barreda, la calle de las Lindas, Casa de los Hombrones, la Casa de los Cosío y los Quevedo, la Casa de la Archiduquesa de Austria, antigua Casa de los Abades, Plaza de las Arenas con su imponente Torre de los Velarde, convento de Regina Coeli en el que se ubica el Museo Diocesano, la Casa de los Tagle con enorme escudo, la Casa de los Villa con sus balcones semicirculares y su escudo con alas desplegadas…

• En Coche

A tan sólo dos kilómetros del Parador se encuentran las famosísimas Cuevas de Altamira, que se cuentan entre las más importantes del mundo por las pinturas prehistóricas de sus muros. Fueron descubiertas en 1879, pertenecen al período auriñacense y pueden proceder de 25.000 años a. C. Resaltan las impresionantes pinturas de animales de caza. Han sido calificadas, con pleno merecimiento, como «La Capilla Sixtina del Arte Primitivo» y como «Cuna del Arte de la Humanidad». La visita es limitada. También merecen ser admiradas en la misma Santillana del Mar la llamada «Gruta de las Estalactitas». La Cueva de las Aguas, a unos nueve kilómetros, tiene también pinturas prehistóricas. Otros puntos de referencia extraordinariamente turísticos son los siguientes: Unquera, San Vicente de la Barquera, Comillas, Cóbreces, Suances, Liencres, Torrelavega, Puente Viesgo, Santander… Para los amantes de la prehistoria la oferta cultural es amplia, con mención para las cuevas del Pindal, de Ruiseñada, de la Clotilde, Horno de la Peña, El Castillo, Pasiega, Las Chimeneas, Las Monedas, Santián, El Pendo…

Interior del Parador.

Oferta gastronómica
Sopa de pescado, ternera asada en su jugo con guarnición, chuletón de ternera, revuelto de champiñón natural, morcilla envuelta en repollo con salsa de alubias, lechazo, maganos encebollados, bacalao a la montañesa, entrecó al queso picón, ensalada cántabra de pescados de roca al aroma de jengibre, pastel de centollo, pimientos rellenos de centollo, estofado de pescado de roca al tomillo, pastel de setas, solomillo al queso de Treviso, hojaldre de pera caramelizado al aguardiente de Potes, pudin de higos pasos, sorbete de orujo de Potes, quesada pasiega, charlota de avellanas…

• Santillana fue designada en la Edad Media como capital de las Asturias Occidentales.
• El reconocimiento artístico le llegó a Santillana sobre todo en el siglo XIX, de la mano de escritores como Pérez Galdós, Pardo Bazán, Unamuno…
• Cerca de Santillana hay un zoo creado con la pretensión de ofrecer una muestra de la fauna de la región, aunque en la actualidad alberga animales de muy diversos orígenes.
• En la Casa de los Villa de Santillana, y en su escudo, se encuentra la siguiente leyenda o divisa: «Una buena muerte honra toda la vida».

PARADOR DE SANTO DOMINGO DE LA CALZADA

Plaza del Santo, 3
26250 Santo Domingo de la Calzada LA RIOJA

Conviene Saber

☎ 941 340 300
Fax: 941 340 325
sto.domingo@parador.es
Localización: convento-hospital
Categoría: ****
Precio: habitación doble 15.000-17.500 pta

Desayuno: 1.300 pta
Comida/Cena: 3.500 pta
Habitaciones: 59 dobles, 2 con salón
Instalaciones: bar, restaurante, calefacción, teléfono, salón de convenciones, acceso discapacitados
Tarjetas de crédito: AE, DC, EC, MC, V

¿Cuál es y a qué responde el nombre del Parador de Santo Domingo de la Calzada?

Responde al nombre de uno de los santos más preclaros del Camino de Santiago —hoy Patrimonio de la Humanidad—, fundador a su vez de la ciudad de Santo Domingo de la Calzada, que lleva su propio nombre.

¿Quién fue Santo Domingo de la Calzada?

Este santo, nacido en el pueblo burgalés de Viloria, conocido en La Rioja como «El Abuelo», «El Abuelito» o «El Abrahán de La Rioja», fue pastor en su niñez, levantó hospitales para acoger a los peregrinos, construyó puentes, entre ellos el del río Oja, que aún existe y que fuera restaurado por San Juan de Ortega.

¿En qué lugar de la ciudad se ubica el Parador?

Del hospital fundado por el santo, y que él mismo atendiera no queda vestigio alguno. En su lugar se levantó este Parador, de gran belleza arquitectónica y decorativa y en el que sus habitaciones tienen sabor de celda monástica. Antes, hacia 1150, este edificio fue también palacio de los Reyes de Navarra.

• *A Pie*

La Catedral, con girola y capilla del ábside románicas, el resto es gótico. En el brazo derecho del crucero se encuentra el sepulcro del santo, alojado en templete gótico, labrado por Juan de Resines el año 1513. Este templo tiene la curiosidad de la existencia de un gallinero gótico, de piedra labrada, donde están un gallo y una gallina vivos, que conmemoran un milagro de Santo Domingo. La torre de la catedral, de 72 metros, barroca, está separada del conjunto de la catedral. Hay que admirar además la iglesia de Nuestra Señora de la Plaza, el palacio del Obispo, el convento de San Francisco con el mausoleo de Fernando de Fresneda, la calle de Caballeros, la plaza del santo, sus murallas medievales, la capilla del santo junto al puente, la Casa Gótica en la que murió Enrique IV de Trastamara, el convento de las Bernardas…

• *En Coche*

Todo el Camino de Santiago merece ser recorrido desde Santo Domingo de la Calzada en sus dos direcciones. Merece asimismo acercarse a Bañares, donde destaca la ermita de la Santa Cruz de finales del siglo XII y la parroquia ojival del XIV en la que se guarda el arca de San Formerio, joya románica de la orfebrería medieval. En Cañas nació santo Domingo de Silos. Hay que visitar la abadía cisterciense del siglo XIII, fundada por don Lope Díaz de Haro, con el sepulcro gótico de la beata doña Urraca Lope de Haro, su cuarta abadesa y que es uno de los más artísticos de España. Berceo es la patria de Gonzalo de Berceo, primer poeta culto del idioma castellano. San Millán de la Cogolla, con los monasterios de Suso y de Yuso, en el corazón de la Sierra de la Demanda, es uno de los lugares más turísticos de La Rioja. En Suso vivió Gonzalo de Berceo. El monasterio conserva vestigios visigóticos y el cenotafio de San Millán, del siglo XII. El monasterio de Yuso fue un centro cultural durante siglos. Su estructura actual es de los siglos XVI y XVII, con claustro gótico y archivo y biblioteca importantes. También guarda las riquísimas arquetas de San Millán y San Felices, con sus extraordinarios marfiles. Aquí dió sus primeros balbuceos el idioma castellano en las «Glosas Emilianenses». El viaje hay que alargarlo a Nájera, cuna de reyes y corte del reino Pamplona-Nájera en tiempos de don García que fundó el monasterio de Santa María la Real, en el que se hallan los panteones de los reyes navarros, el sepulcro de don Diego Lope de Haro y el de doña Blanca de Navarra.

Salón del Parador.

Oferta gastronómica
Pimiento relleno de carne picada, truchas, callos, picadillo de lomo, pochas, el patorrillo, las gordillas, alcachofas, espárragos, menestra, pollo al chilindrón, tarta de queso, flan, golmajería con rollos y manguitos, molletes de Santo Domingo… Y que no falten los buenos y acreditados vinos de La Rioja.

• Las fiestas principales de Santo Domingo de la Calzada están todas relacionadas con el santo: Pan del santo, «Vueltas», Paseo de los Carneros, procesión de la Rueda, Almuerzo del Santo, Las Prioras, El peregrino, Las Doncellas.
• Es fama que en el Hospital de Santo Domingo de la Calzada, hoy Parador, se hospedó san Francisco de Asís.

PARADOR DE SEGOVIA

Carretera Valladolid, s/n
40003 SEGOVIA

Conviene Saber

☎ 921 443 737
Fax: 921 437 362
segovia@parador.es
Localización: ciudad
Categoría: ****
Precio: habitación doble 18.500 pta
Desayuno: 1.300 pta

Comida/Cena: 3.700 pta
Habitaciones: 94 dobles, 13 indiv., 7 con salón
Instalaciones: aire acondicionado, restaurante, bar, calefacción, ascensor, teléfono, salón de convenciones, jardín, sauna, piscina climatizada y de verano, tenis, acceso discapacitados
Tarjetas de crédito: AE, DC, EC, MC, V

¿Dónde se ubica el Parador de Segovia?

De nueva construcción, el edificio del Parador se ubica a la salida de esta ciudad «Patrimonio de la Humanidad», en la finca denominada El Terminillo, junto al Mirador de La Lastrilla y con maravillosas y excepcionales vistas.

¿Qué visión de Segovia proporciona la vista desde el Parador?

De Segovia, de la que se ha dicho que «es por excelencia santuario del arte y de la leyenda», la visión que se contempla desde el Parador es la de un impresionante navío varado, cuya proa correspondería al Alcázar. Por si fuera poco, «la luz hace que una tarde en Segovia sea una fiesta que no se olvidará jamás».

¿Por qué tiene tanto interés histórico-artístico-monumental el Acueducto de Segovia?

Con más de dos mil años de antigüedad y rodeado de leyendas, es una de las obras más grandiosas de la época del Imperio romano, símbolo de la civilización de Occidente. Su altura máxima en la Plaza del Azoguejo, con doble arquería, es de 29 metros, y su recorrido total es de 728 metros, con 167 arcos. Se calcula en unos 60.000 metros cúbicos el volumen de su fábrica con un peso aproximado de 12 millones de kilos y unos 24.600 sillares.

• A Pie

Además del Acueducto construido probablemente entre la última mitad del siglo I y principios del II d. C. y atribuida su construcción al diablo, hay que visitar y admirar la Catedral, conocida como «La Dama de las Catedrales», con su retablo, claustro y tapices, crucero, capillas, torre, sala capitular, museo... El Alcázar, construido a principios del siglo XII y transformado en los siglos XV y XVI, de origen incierto, consiguió su máximo esplendor cuando los reyes Trastamara fijaron en él su corte. De él salió Isabel la Católica para ser coronada Reina de Castilla en 1474. Hay que visitar y admirar las iglesias de San Millán, de San Martín, el ábside de la Trinidad, la torre de San Esteban, la misteriosa iglesia de la Vera Cruz, San Juan de los Caballeros, San Lorenzo, San Justo, San Andrés, San Sebastián, Santa Eulalia, El Salvador, Santo Tomás, San Clemente, San Marcos, San Nicolás, San Quirce... Todas estas iglesias son románicas. De otras épocas son las de San Miguel, del Seminario, del Corpus Christi, el santuario de la Fuencisla... Entre sus monasterios sobresalen El Parral, San Antonio el Real, Carmelitas Descalzas, Carmelitas Calzados con el sepulcro de San Juan de la Cruz... De sus palacios se citan el Episcopal, el Torreón de Lozoya, Torre de Arias Dávila, Conde de Cheste, Quintanar, la Casa de Segovia, de Uceda Peralta, la Casa del Hidalgo, del Marqués del Arco, la Casa del siglo XV, la Casa de los Picos, el Ayuntamiento...

• En Coche

La Granja de San Ildefonso, con su palacio y jardines, integra un armónico y bello conjunto, que fue mandado edificar por Felipe V según planos de Teodoro Ardemans. Alberga en su interior un auténtico museo, con cuadros, muebles, lámparas, relojes y extraordinaria colección de tapices. Merecen destacarse entre sus estancias, la galería de las estatuas, el salón de Mármoles y el salón de Trono. Junto al Palacio se halla la Colegiata de estilo barroco, en la que reposan los restos de Felipe V y su esposa Isabel de Farnesio. Los versallescos jardines fueron diseñados por René Carlier y Esteban Boutelou, con fuentes y estatuas. El pueblo tiene edificios muy singulares, como la Casa de los Infantes, el Cuartel de Guardia, la Casa de los Oficios y las Reales Caballerizas. Muy cerca se halla Valsaín con sus extensos pinares y restos del que fuera palacio real que alcanzó máximo esplendor en tiempos de Felipe II. El palacio de Riofrío fue mandado construir por Isabel de Farnesio y después fue destinado a pabellón de caza y en él resaltan su capilla, patio, doble escalera imperial...

• La artesanía segoviana es rica en calderos de cobre, marcos de espejo, bordados, cerámica y alfarería.

• Segovia es el lugar más visitado de quienes viven o visitan Madrid y la razón principal es su gastronomía.

Vista desde el Parador.

Oferta gastronómica

Cochinillo asado, cordero, judiones de La Granja, trucha plateada y arco iris, sopa castellana, chorizos, jamones, crema de setas, rabo de buey, sopas de picadillo, ponche segoviano, sorbetes, chocolate frío, natillas...

PARADOR DE LA SEU D'URGELL

Sant Domenec, 6
25700 La Seu d'Urgell LLEIDA

Conviene Saber

☎ 973 352 000
Fax: 973 352 309
seo@parador.es
Localización: convento
Categoría: ***
Precio: habitación doble 12.500-15.000 pta
Desayuno: 1.300 pta

Comida/Cena: 3.500 pta
Habitaciones: 72 dobles, 6 individuales, 1 con salón
Instalaciones: aire acondicionado, bar, restaurante, ascensor, piscina climatizada, garaje, salón de convenciones
Tarjetas de crédito: AE, DC, EC, MC, V

¿Dónde se ubica el Parador de Turismo de La Seu d'Urgell?

En la ciudad leridana de su mismo nombre, que se encuentra en la confluencia del río Segre y el Valira, rodeada de las altas montañas de Arcavell y Cadí. El Parador, de nueva planta, está instalado en el Convento de Dominicos, del siglo XVI, y su centro lo ocupa el antiguo claustro románico.

¿Por qué es conocida y denominada esta ciudad como «Ciudad de los Príncipes Obispos»?

El obispo de La Seu d'Urgell, además de las tareas propias del episcopado, ostenta desde 1278 el título y cargo de «Soberano de Andorra», compartido antes con el Conde de Foix y en la actualidad con el Presidente de la República Francesa. La ciudad es sede episcopal desde el siglo VI y, junto con el Papa, su obispo es el único que ejerce un poder temporal en el mundo.

¿Cuáles son los orígenes de La Seu d'Urgell?

Se remontan a tiempos ibéricos y su castro «Orgio» fue ya citado por Ptolomeo. En la época visigótica fue conocida como la «Civitas Ugellis». El conde Ermegol IV cedió a la mitra los derechos sobre los altos valles de Valira, actual Principado de Andorra.

Claustro del Parador.

• A Pie

Toda la ciudad es uno de los conjuntos monumentales más interesantes de España y en ella destaca especialmente su Catedral con influencias lombardas, dedicada a San Ot y a Santa María, templo románico construido en 1040. Su planta es prototípica. Tiene planta de cruz latina, cinco ábsides, tres naves y dos torres en la fachada. La imagen de Nuestra Señora de Andorra es del siglo XIII. El claustro, salvo su crujía oriental construida en 1603, es del siglo XIII. Los capiteles, con figuras humanas y de animales y con mucho humor, fueron tallados por artistas del Rosellón. Tiene códices miniados del siglo X. La iglesia de San Miguel, adosada a la catedral, es el único vestigio de la iglesia construida en el siglo XI por el obispo san Ermengol. Sus frescos se exponen en el Museo de Arte de Cataluña en Barcelona. El Palacio Episcopal, el Museo Diocesano, con un *Beato* del siglo XI y bellas miniaturas, crucifijo románico con esmaltes del siglo XII, bello retablo de la «Abella de la Conca» y cripta… reclaman la admiración del turista. También son dignas de admiración la iglesia de Santo Domingo, del siglo XV, la de la Piedad, del XVI, el Ayuntamiento, del siglo XV, su barrio románico, sus calles con soportales y casonas con balcones de hierro forjado.

• En Coche

Castellciutat con su ciudadela y Castellbó con las ruinas de su castillo.

Oferta gastronómica
Perdiz con coles, «butifarra amb mongetes», «escudella barrejada», «escalivada», caza mayor, bacalao a la cazuela, ravioli de setas, muslitos de codorniz en su fina salsa, jabalí del Pirineo en «civet», arroz negro con chipirones y langostinos, cuajada, arroz con leche, «mousse» de limón y de chocolate, tarta de yema quemada, bocaditos de nata y moka, tarta de almendras, crema quemada, «mel i mató»…

En Anserall se halla el monasterio de Sant-Serní de Tavèrnoles, del siglo XI. Organyà, con su Colegiata románica, Coll de Nargó, Bellver de Cerdanya, Olius con sus restos ibéricos y su iglesia románica del siglo XI. Pero la visita obligada es a Andorra, cuya capital, Andorra la Vella, se halla a no más de 20 kilómetros de La Seu d'Urgell. El Principado es uno de los países más pequeños y bellos del mundo. Su oferta de naturaleza es extraordinaria y también lo es la posibilidad de la práctica de diversos deportes de montaña, los de caza y pesca y los llamados blancos. Las facilidades para efectuar compras es aliciente para muchos, como lo es disfrutar de sus iglesias románicas.

• A tres kilómetros de la La Seu d'Urgell funciona la estación de esquí nórdico Sant Joan de l'Erm, con tres circuitos de diferente longitud.

• Las tropas de Felipe V asaltaron La Seu d'Urgell en la Guerra de Sucesión. Hicieron lo mismo Napoleón y los carlistas en el siglo XIX.

Parador de Sigüenza «Castillo de Sigüenza»

Plaza del Castillo, s/n
19250 Sigüenza GUADALAJARA

Conviene Saber

☎ 949 390 100
Fax: 949 391 364
siguenza@parador.es
Localización: castillo
Categoría: ****
Precio: habitación doble 13.500-15.000 pta
Desayuno: 1.300 pta

Comida/Cena: 3.700 pta
Habitaciones: 74 dobles, 3 individuales, 4 con salón
Instalaciones: aire acondicionado, restaurante, bar, calefacción, salón de convenciones, ascensor, teléfono, sauna/gimnasio, jardín
Tarjetas de crédito: AE, DC, EC, MC, V

¿Dónde se ubica el Parador de Turismo de Sigüenza?

El actual castillo en el que se asienta el Parador, antes de pasar a manos castellanas, fue fortaleza celtibérica, romana, visigótica, judía, árabe y mozárabe.

¿Cuál es la historia de este castillo?

Tras su reconquista en 1124 por el obispo don Bernardo de Agén, fue fortaleza episcopal y por él han pasado más de cien obispos. Consta que fue sede episcopal la ciudad ya en el año 589. El escudo pertenece al siglo XV y es del cardenal Fonseca. La Casa de los Mendoza lo convirtió en Palacio Episcopal y el descendiente de Colón, Juan Díez de la Guerra, le dio aspecto civil. Su superficie es de unos 7.000 metros cuadrados. El obispo don Simón Girón de Cisneros lo dotó de diversas torres en el siglo XIV, erigiendo para su defensa las Torres Gemelas.

¿Cuáles son las dependencias más interesantes del Palacio-castillo-parador?

El Salón del Trono, con dos artísticas chimeneas francesas, la capilla románica, el patio central, las Torres Gemelas, la Torre de las Campanas, la Torre de Doña Blanca, hoy inmenso comedor de lujo…

• A Pie

La bellísima e histórica ciudad de Sigüenza es señorial, acogedora y veraniega. Es una de las ciudades españolas de carácter más definido y de más lograda unidad de belleza. En ella hay que admirar y visitar la Plaza Mayor, Casa del Doncel, iglesia de San Vicente, Plaza de la Cárcel, Puerta de Hierro, iglesia de Santiago, Arco del Portal Mayor, Seminario de San Bartolomé, iglesia de Santa María, edificio de la antigua Universidad, Palacio de Infantes, iglesia de Nuestra Señora de los Huertos, Cubo del Peso, Hospital de San Martín… Pero la más alta jerarquía estética y monumental de Sigüenza es su catedral, románica cisterciense y gótica, convertida en templo-castillo. Hay que admirar la Sacristía de las Cabezas, claustro gótico, los dos púlpitos, altar plateresco de Santa Librada, Capilla de Santa Catalina con la estatua yacente del Doncel, joven Comendador don Martín Vázquez de Arce, muerto en la Vega de Granada en 1486.

• En Coche

Además de visitar los parajes de la Hoz de la Pelegrina, posible Parque Natural con 6.300 Ha en el valle del río Dulce, desde Sigüenza podría efectuarse la excepcional ruta de los Castillos de Guadalajara. Entre éstos merecen atención especial los siguientes: Torija, construido por los Templarios con su gran Torre del Homenaje; Hita, del que sólo se conservan restos de una puerta; Jadraque, edificado en el siglo XII, es conocido como «El Castillo del Cid» y fue residencia-palacio del cardenal Mendoza; Atienza levanta su fortaleza sobre una gran roca cortada a pico y sus primeras noticias datan del siglo IX. El Castillo de Molina de Aragón consta de seis torres y un recinto exterior doble, y fue en sus tiempos uno de los castillos más importantes de España. La iglesia de la Virgen de la Peña, en Brihuega, de estilo ojival, está construida sobre los muros de la antigua fortaleza árabe de Peña Bermeja, edificada en el siglo XII. Zorita de los Canes tiene un castillo de origen visigótico y fue sede de la Orden de Calatrava.

Salón del Parador.

Oferta gastronómica
Asados, especialmente el cabrito a la barreña, sopas de ajo, migas en caldero, perdiz escabechada, judías con morro, judías con liebre, queso con miel, yemas y bizcochos borrachos.

• Entre otros personajes célebres habitaron el castillo de Sigüenza el infante don Alfonso de la Cerda, el rey Fernando IV, el cardenal Mendoza, el cardenal Cisneros, doña Juana la Loca, el Doncel de Sigüenza, Fernando VII y su esposa María Josefa Amalia, don Juan Carlos y su esposa doña Sofía, actuales reyes de España…

• La estatua del Doncel es obra de un cierto maestro Juan, fue esculpida por encargo de Isabel la Católica y es una de las mejor logradas del renacimiento y de todo el mundo.

• La oferta cultural de museos es única en Sigüenza: toda la ciudad es un museo al aire libre y su oferta pasa además por el Museo Catedralicio, por el Museo de Arte Antiguo y por el Diocesano de Arte, con piezas muy valiosas.

PARADOR DE SORIA «ANTONIO MACHADO»

Parque del Castillo
42005 SORIA

Conviene Saber

☎ 975 240 800
Fax: 975 240 803
soria@parador.es
Localización: altozano sobre la ciudad
Categoría: ***
Precio: habitación doble 12.500-15.000 pta

Desayuno: 1.300 pta
Comida/Cena: 3.500 pta
Habitaciones: 30 dobles, 4 individuales
Instalaciones: bar, restaurante, calefacción, salón de convenciones, aparcamiento, teléfono, jardín
Tarjetas de crédito: AE, DC, EC, MC, V

¿Cómo se llama y a qué se debe el sobrenombre del Parador de Soria?

Este Parador se llama «Antonio Machado» y responde al hecho de que este excepcional poeta, autor de *Campos de Castilla*, vivió varios años en esta ciudad, se casó en ella y le dedicó parte de su obra.

¿Algunos de los versos dedicados por Antonio Machado a las tierras de Soria?

«Colinas plateadas, grises alcores, cárdenas roquedas…
Oscuros encinares, ariscos pedregales, calvas sierras,
caminos blancos y álamos del río,
tardes de Soria, mística y guerrera…»

¿En qué lugar está instalado el Parador de Soria «Antonio Machado»?

Está en el llamado Parque del Castillo, donde en tiempos pasados hubo una fortaleza de la que aún se conservan algunos vestigios. En su cementerio anexo todavía se halla la tumba de Leonor, esposa del poeta. «La curva de ballesta» machadiana que traza el río Duero se aprecia desde allí a la perfección.

Salón del Parador.

Vista desde el Parador.

• A PIE

La iglesia de Santo Domingo con su rosetón y bella portada románica, el palacio de los Condes de Gómara, la iglesia de San Juan de Rabanera, la con-catedral de San Pedro, los claustros de San Juan de Duero, el monasterio templario de San Polo, Santa María la Mayor, Nuestra Señora de la Merced, con los recuerdos de su padre Guardián, fray Gabriel Tellez o «Tirso de Molina», la iglesia de San Francisco, la de Nuestra Señora del Espino, el convento del Carmen fundado por santa Teresa de Jesús, ermita de la Soledad, el palacio de Alcántara, la Audiencia, la Casa de los Linajes, la Casa de Diego Soler, la Aduana Vieja, Museo Provincial, ermita de San Saturio...

• EN COCHE

Valonsadero es zona de recreo municipal con robledales y praderas de excepcional belleza. En la Cañada Honda hay varios abrigos con pinturas rupestres. A tan sólo siete kilómetros, próximo a Garray, se hallan las ruinas de la mítica ciudad de Numancia, centro celtibérico, célebre por la heroica resistencia de sus habitantes contra las legiones romanas y que, tras 20 años de asedio, se entregó al general Escipión Emiliano, destructor de Cartago, en el año 134 a. C. De ella se conservan viviendas, cisternas, termas y fortificaciones. Las ruinas actuales pertenecen sobre todo a la Numancia reconstruida por Roma.

Oferta gastronómica
Asados, ternera a la plancha, sopa castellana, revueltos variados, cochinillo, migas pastoriles, ossobuco, rabo de buey, setas de cardo, pollo de corral en pepitoria, puchero castellano, bacalao a la soriana, leche frita, natillas, arroz con leche.

Tiermes también es importante centro arqueológico. La oferta de naturaleza más importante de Soria se ubica en la Sierra de Urbión, con el nacimiento del Duero, la Laguna Negra de Urbión a 1.700 metros de altitud, con sus leyendas versificadas por Antonio Machado, y el embalse de la Cuerda del Pozo, con la figura legendaria de Alvar González, así como la Laguna Negra de Neila, a 2.000 metros de altitud.

• Las fiestas más tradicionales de Soria son las de San Juan o de la Madre de Dios, que se celebran a partir del 24 de junio «si este día es jueves y, si no lo es, a partir del jueves siguiente».

• Los poetas y literatos que se identifican más con Soria son Antonio Machado, Miguel de Unamuno, Gerardo Diego, Azorín y Gustavo Adolfo Bécquer, que ubicó en sus alrededores algunas de sus célebres leyendas.

• Entre las rutas turísticas que pueden y deben trazarse por Soria resaltan las de la Meditación, de la Inspiración, Mágica, de los poetas...

Parador de Sos del Rey Católico «Fernando de Aragón»

Arq. Sainz de Vicuña, 1
50680 Sos del Rey Católico ZARAGOZA

Conviene Saber

☎ 948 888 011
Fax: 948 888 100
sos@parador.es
Localización: arquitectura local
Categoría: ***
Precio: habitación doble 12.500-15.000 pta

Desayuno: 1.300 pta
Comida/Cena: 3.500 pta
Habitaciones: 65 dobles
Instalaciones: aire acondicionado, calefacción, bar, restaurante, salón de convenciones, ascensor, garaje, teléfono
Tarjetas de crédito: AE, DC, EC, MC, V

¿Cuál es y a qué responde el nombre del Parador?

Se denomina «Fernando de Aragón» por haber nacido en esta villa el rey Fernando de Aragón, el futuro Fernando el Católico, el día 10 de marzo de 1452, hijo de Juan II de Aragón y de doña Juana Enrique; éste se casaría con Isabel de Castilla, la hermanastra de Enrique IV, en Valladolid el 19 de octubre de 1469.

¿En qué lugar de Sos nació el futuro Rey Católico?

En el palacio de los Sada, caserón majestuoso y joya del gótico civil aragonés. Anexa a este almenado edificio se halla la iglesia de San Martín, que hizo a veces de capilla privada del palacio. Hoy puede visitarse la habitación en la que nació el Rey. Puede visitarse también la capilla gótica y la sala dedicada a documentos fernandinos.

¿Cuál es la historia de Sos, emporio artístico, histórico y cultural de la comarca zaragozana de las Cinco Villas?

En un documento del año 938 se habla de la plaza fuerte musulmana de «Sause», repoblada por Sancho Abarca en el 908, perteneciente después al reino de Navarra, convertida en aragonesa en 1044 y a la que Alfonso I el Batallador le concedió el Fuero en 1125.

• A Pie

Este pueblo, colgado en la montaña y con aires inconfundibles de fortaleza amurallada, con un conjunto armonioso de calles, cuestas, arcos, rincones, portales y balconadas, merece ser recorrido una y otra vez. En tal recorrido hay que visitar y admirar el Palacio de Sada con su iglesia de traza románica de San Martín. La iglesia de San Salvador y San Esteban, con planta de cruz latina, es románica y se accede a ella por una pintoresca galería abovedada. En la cripta subterránea, del siglo XI, puede admirarse y venerarse la imagen románico-gótica de la Virgen del Perdón y unas bellas pinturas murales del siglo XIV. En la Plaza del Ayuntamiento se ubican los edificios del colegio de los Escolapios —Palacio de Gil de Jaz— y el mismo Ayuntamiento con sus formas renacentistas. El rico patrimonio monumental de Sos —uno de los conjuntos más interesantes del Alto Aragón— se completa con palacios y casonas, conventos y ermitas.

• En Coche

El embalse de Yesa que forma el río Aragón proporciona posibilidades óptimas para el ejercicio y la práctica de deportes náuticos. Ruesta, Tiermas, Esco, Artieda y Sigües poseen singular oferta de naturaleza en sus valles y desfiladeros. En Bagües son muchos los detalles arquitectónicos románicos, con una iglesia del primer románico catalán. Petilla de Aragón, aunque administrativamente perteneciente a Navarra, es la patria chica de Santiago Ramón y Cajal, cuya casa natal puede visitarse. Uncastillo es población-museo presidida por un gigantesco castillo sobre la peña Ayllón. El campanario de la iglesia de Santa María es propio de las iglesias-fortalezas. Hay más iglesias y ermitas, entre las que destaca la de San Juan, con interesantes pinturas. Castilíscar tiene inconfundibles aires medievales, con importante sarcófago romano del siglo IV e iglesia románica.

Vista del Parador.

Oferta gastronómica

Cordero al chilindrón, cordero a la pastora, ternasco, migas, asado de cordero, caza mayor, liebre al chocolate, hinojos al estilo Fayos, pochas con oreja de cerdo, conejo con caracolas, «bizcocho de Barbastro».

Sábada es conjunto señorial y cerca se hallan los yacimientos arqueológicos de Los Bañales. En Layana se encuentra el célebre mausoleo de los Atilios, conocido como «Altar de los Moros». Luesia es también buen conjunto medieval. Egea de los Caballeros es capital económica y administrativas de las Cinco Villas y destacan su Colegiata, iglesia gótico-mudéjar de Santa María y casas señoriales.

• Juan II premió a los habitantes de Sos por los servicios prestados y por haber nacido allí el príncipe Fernando con el privilegio de que «perpetuamente todos sus habitantes sean infanzones», el día 30 de agosto de 1458, con lo que automáticamente los ascendió a «casta de Hidalgos».

• Uncastillo que proviene de «Unum castrum» o «Unocastello», tiene origen incuestionablemente militar.

• La reserva de caza del Hoyo de Nogueras y de la Sierra del Leyre completan la oferta de ocio y deportiva del Parador de Sos del Rey Católico.

PARADOR DE TERUEL

Carretera Sagunto-Burgos, N-234
44080 TERUEL

Conviene Saber

☎ 978 601 800
Fax: 978 608 612
teruel@parador.es
Localización: arquitectura local
Categoría: ***
Precio: habitación doble 12.500-13.500 pta

Desayuno: 1.300 pta
Comida/Cena: 3.500 pta
Habitaciones: 54 dobles, 6 con salón
Instalaciones: aire acondicionado en comedor, restaurante, bar, calefacción, ascensor, garaje, teléfono, jardín, piscina, pista de tenis
Tarjetas de crédito: AE, DC, EC, MC, V

¿Cuál es la procedencia etimológica de Teruel?

Los «turboletas», tal y como aseguran las crónicas romanas de la Segunda Guerra Púnica, eran un pueblo celtibérico que fundaron «Turbula» o «Turba», cuyas ruinas pueden contemplarse en el «Alto de Chacón» cerca de la actual ciudad de Teruel. Los romanos la integraron en la provincia Tarraconense y los musulmanes la llamaron «Tirwal».

¿A qué se debe la presencia de la estrella y del toro en el escudo de esta ciudad aragonesa?

Refiere la tradición que, al ser reconquistada la ciudad por Alfonso II en 1171, los cristianos hallaron un toro bajo una estrella, que bramó al verlos, episodio que fue considerado como augurio feliz.

¿Cuál es el lema turístico de la ciudad de Teruel?

«Teruel mudéjar, ciudad de los amantes». Son muchas las torres mudéjares —Patrimonio de la Humanidad— existentes en ella. La leyenda del siglo XIII refiere que Diego Martínez de Marcilla y su prometida Isabel de Segura murieron de amor.

• A Pie

La Catedral de Santa María de Mediavilla con su artesonado, retablo mayor y torre mudéjar del año 1257. En la iglesia de San Martín destaca su impresionante torre mudéjar. La torre de la iglesia de San Salvador es gemela de la de San Martín. La torre de San Pedro es asimismo gemela de la torre de la Catedral. También tiene torre mudéjar la iglesia de la Merced. Hay que ver además el edificio del Ayuntamiento, las murallas, los torreones Ambeles y Lombardera, la Casa de la Cultura, el convento de San Francisco, el Museo de Teruel ubicado en el edificio de la Casa de la Comunidad, la Plaza del Torico, la Plaza de San Juan. El Viaducto de los Arcos es una obra muy singular: además de ser el mayor viaducto renacentista de España, obra del arquitecto francés Pierre de Vedel, entre los años 1537-1558, tiene la originalidad de servir de puente y de acueducto. Está considerada como una de las obras más importantes de España.

• En Coche

La ciudad de Albarracín es uno de los conjuntos monumentales más destacados de España. Se ubica en una especie de península a la que el río Guadalaviar le sirve de foso natural. Está dividida en dos zonas: la Ciudad con sus casas colgadas y el Arrabal. «La Engarrada» está rodeada de murallas y con restos del antiguo castillo. El nombre de Albarracín procede de la tribu de origen bereber «Ben-Razin», que gobernó este territorio. Al ser reconquistada en 1160 por el noble navarro Pedro Ruiz de Azagra, pasó a llamarse Santa María de Albarracín. Fue sede episcopal. Hay que visitar la Catedral del Salvador con valioso tesoro, las iglesias de Santiago y de Santa María y su Torre de Doña Blanca, los Escolapios, Palacio Episcopal, plaza del Ayuntamiento, portal de Molina y del Agua. El paseo y contemplación de los alrededores y el callejear por la ciudad son atractivos de gran contenido turístico. En las cercanías de la ciudad hay importantes abrigos con pinturas rupestres. En el lugar denominado Fuente García a 1.700 metros de altitud, un monumento señala el nacimiento del Tajo.

• El mausoleo de los «Amantes de Teruel», Diego Marcilla e Isabel de Segura, se halla en la iglesia de San Pedro y es obra de Juan de Ávalos.

• El Fuero concedido en 1176 a Teruel respetaba las minorías judías y morisca y esto explica la existencia de tantos edificios mudéjares.

• La cerámica de Teruel tiene una larga tradición que se remonta a los siglos XII y XIII y en su producción destacan los vidriados estanníferos, prevaleciendo hoy los tonos azul esponjado, así como los verdes con miniaturas, que parecen extraídas de los *Cronicones* y de miniaturistas medievales.

Monumento a los «Amantes».

Oferta gastronómica
Ternasco, caza mayor y menor, chilindrones, magras al estilo de Aragón, guisados de ternera de Castellar, jamón de Teruel, migas de Aragón, civet de ciervo, trucha asalmonada, sopa de ajo, huevos con migas, conserva de cerdo, queso de Tronchón, «suspiros de monja», «Angélica de San Camilo»...

Parador de Toledo «Conde de Orgaz»

Cerro del Emperador, s/n
45002 TOLEDO

Conviene Saber

☎ 925 221 850
Fax: 925 225 166
toledo@parador.es
Localización: mirador sobre la ciudad
Categoría: ****
Precio: habitación doble 18.500 pta

Desayuno: 1.300 pta
Comida/Cena: 3.700 pta
Habitaciones: 70 dobles, 4 indiv., 2 con salón
Instalaciones: aire acondicionado, bar, restaurante, calefacción, piscina, ascensor, salón de convenciones, teléfono, jardín, garaje
Tarjetas de crédito: AE, DC, EC, MC, V

¿Por qué este Parador se llama «Conde de Orgaz»?

Se llama así en recuerdo de uno de los cuadros más importantes de El Greco —*El entierro del Conde de Orgaz*— y es una de las obras más impresionantes de la historia de la pintura universal. Este cuadro fue pintado por El Greco hacia 1586 para la iglesia de Santo Tomé y el tema representa la leyenda toledana del siglo XIV en el momento en el que San Agustín y San Esteban bajan a enterrar al difunto piadoso señor de la villa de Orgaz.

¿Una descripción del cuadro?

El cuerpo sin vida de don Gonzalo Ruiz de Toledo es depositado en la tumba en presencia de varios caballeros toledanos, entre los que aparecen el propio pintor y su hijo Jorge Manuel. Éste muestra en su bolsillo la firma del artista en caracteres griegos. El Greco percibió por este lienzo tan famoso 1.200 ducados. La composición está realizada en dos registros bien diferenciados: abajo, el entierro y arriba, la Gloria.

¿En qué lugar se ubica el Parador?

De nueva planta y de carácter netamente toledano, su edificio se halla en el llamado Cerro del Emperador, en la privilegiada zona de los Cigarrales, entre los puentes de Alcántara y San Martín, y con unas vistas preciosas de Toledo, «Ciudad Imperial», «Ciudad Patrimonio de la Humanidad» y «Ciudad Mágica».

Alcázar de Toledo.

• A Pie

Catedral, iglesia de Santo Tomé, Hospital de Tavera o de Afuera, Puerta Nueva de Bisagra, Puerta del Cambrón, Puerta del Sol, el Cristo de la Luz, la iglesia de Santiago el Mayor, los conventos de Comendadoras, Santa Clara, Santo Domingo el Real, Capuchinas, Santo Domingo el Antiguo, plaza de Zocodover, Monasterio de San Juan de los Reyes, las sinagogas de Santa María la Blanca y del Tránsito, el Alcázar, puentes de Alcántara y de San Martín, castillo de San Servando, Posada de la Hermandad, Palacio de Fuensalida, el Museo Taller del Moro, el de la Santa Cruz, el de Victorio Macho, el de los Concilios y Cultura Visigótica, el de Arte Contemporáneo, la Casa-Museo de El Greco, Museo Sefardí, Museo Catedralicio, Museo del Hospital de Tavera...

• En Coche

Illescas fue residencia temporal de diversos reyes castellanos y también de Francisco I de Francia. Su parroquia de Santa María es obra gótico-mudéjar y en ella destaca su esbeltísima torre mudéjar. El Hospital de la Caridad, fundación del cardenal Cisneros, gozó de grandes privilegios y atesora varios lienzos de El Greco. En la iglesia de las Terciarias de la Madre de Dios se venera la Virgen de la Vega, preciosa escultura gótica de mármol, del siglo XV. Los Infanzones de Illescas lucen sus aparatosos uniformes. Esquivias es villa de evocaciones cervantina: en ella residió don Miguel de Cervantes después de su boda con doña Matalina de Salazar y Palacios, y cuya partida de matrimonio y casa se conservan.

• En la ermita del Cristo de la Vega, construida en Toledo sobre la basílica visigoda de Santa Leocadia, —la iglesia de los Concilios—, situó el dramaturgo Zorrilla la leyenda en la que el Cristo movió el brazo en testimonio del juramento de casamiento dado por un caballero a su amada.

• La fiesta más representativa de la ciudad de Toledo es la del Corpus Christi, en cuya procesión es llevada fastuosamente a hombros la impresionante y riquísima custodia realizada por Enrique de Arfe, en el siglo XVI, que tiene 3,8 metros de altura con unos 200 kilos de peso.

• La artesanía típica de Toledo es la cerámica de «cuerda seca», la armería, el damasquinado y el mazapán.

Vista general de Toledo.

Oferta gastronómica
Perdices a la toledana, pepitoria de gallina, revuelto de espárragos trigueros, lomo de ciervo adobado, judías pochas con perdiz, pichón estofado... mazapanes, flan y leche frita, marquesitas, arroz con leche, tarta de queso y vinos castellanos y manchegos.

Parador de Tordesillas

Carretera Salamanca, 5
47100 Tordesillas VALLADOLID

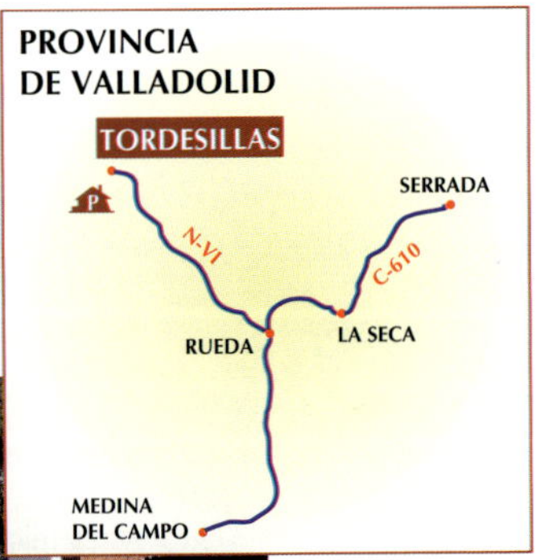

Conviene Saber

☎ 983 770 051
Fax: 983 771 013
tordesillas@parador.es
Localización: carretera
Categoría: ***
Precio: habitación doble 11.500-15.000 pta

Desayuno: 1.300 pta
Comida/Cena: 3.500 pta
Habitaciones: 65 dobles, 6 individuales
Instalaciones: aire acondicionado, bar, restaurante, teléfono, ascensor, salón de convenciones, jardín, piscina, garaje
Tarjetas de crédito: AE, DC, EC, MC, V

¿De dónde procede etimológicamente el nombre de Tordesillas?

Entre las diversas procedencias se citan éstas: «Thor-Shilah» o fortaleza de la tribu árabe de los Shilahes; «Turris Sillae» o Torre de Sila, romana, construida por Metelo, y «Oter de Siellas», tal y como se llama en el Libro Becerro de las Behetrías, que quiere decir 'alto', 'otero' o 'mirador de las sillas'.

¿Dónde se ubica el Parador de Tordesillas?

A tan sólo un kilómetro del casco urbano de esta población vallisoletana, entre las carreteras-autovía de Madrid-ACoruña y de Francia-Portugal, en un espacioso bosque de pinares.

¿Qué referencia poética enmarca el paso del Duero por Tordesillas?

Con amorosa descripción y sensibilidad poéticas, Luis Rosales habló así del Duero: «Duran las cosas sencillas;/ su vivir triste y honrado./ Dura el paso sosegado/ del Duero por Tordesillas».

• A Pie

Ya en el centro de Tordesillas, hay que visitar su joya arquitectónica más representativa, que es el Convento de Santa Clara, obra maestra del arte mudéjar y antiguo Palacio llamado «Pelea de Benamerín», mandado edificar por encargo del rey Alfonso XI de Castilla en 1360 en conmemoración de la batalla del Salado. Posteriormente fue transformado en convento por su hijo Pedro I para albergar a su amante doña María de Padilla de quien, según la leyenda, se había casado en secreto. Aquí moriría después doña Juana la Loca y reposaron sus restos hasta que Felipe II los trasladó a Granada. En este convento sobresalen artísticamente su patio, la capilla dorada, el órgano de Juana la Loca, la iglesia, antiguo salón del Trono, la Capilla de los Saldañes, los baños árabes... Hay que visitar además en Tordesillas la Plaza Mayor, el Torreón de las Aceras, la iglesia gótico-renacentista de San Antolín, convertida en museo...

• En Coche

La villa de Rueda, La Seca, Nava del Rey y Serrada constituyen la ruta de los vinos blancos vallisoletanos, de aroma y gusto muy gratos. En Rueda hay que mencionar la parroquia de Santa María con la portada del poniente flanqueada por dos torreones cilíndricos e interesantes tallas. Medina del Campo es una de las ciudades más interesantes de Castilla, con antecedentes romanos y visigóticos. Fue con frecuencia residencia de Isabel la Católica que murió en su Palacio. Sus ferias fueron las más importantes de Europa. Santa Teresa realizó aquí su primera fundación. En su Castillo de la Mota estuvieron prisioneros Francisco I de Francia, César Borgia y Hernando Pizarro. La colegiata de San Antolín conserva valiosos retablos. Hay que visitar también el Ayuntamiento, la iglesia mudéjar de San Miguel, el Hospital de Simón Ruiz, el Palacio de los Dueñas, la iglesia de la Magdalena, con retablo de Esteban Jordan...

Mirador sobre el Duero en Tordesillas.

Oferta gastronómica
Sopa de ajos con tropezones, gallina en «pebre», cochinillo asado al horno de leña, tostón con ensalada, asados de lechazo, puchero de Santa Clara, lechazo al estilo de Villalón, carnes a la brasa, leche helada, «amarguillos»... Y vinos de Rueda, Cigales y Ribera del Duero.

• En Tordesillas se firmó uno de los tratados más importantes de la historia de la humanidad: el día 7 de junio de 1494, el papa Alejandro VI, en el reparto más fabuloso de la historia, concedió a España las tierras descubiertas al oeste de una línea imaginaria trazada de un polo a otro polo, pasando a 370 leguas de las islas de Cabo Verde, y por él Portugal obtuvo Brasil.

• La Madre Abadesa del monasterio de Santa Clara tenía, entre otros, el privilegio de nombrar alcaldes y de administrar justicia.

Parador de Tortosa «Castillo de la Zuda»

Castillo de la Zuda, s/n
43500 Tortosa TARRAGONA

Conviene Saber

☎ 977 444 450
Fax: 977 444 458
tortosa@parador.es
Localización: castillo
Categoría: ****
Precio: habitación doble 13.500-15.000 pta
Desayuno: 1.300 pta

Comida/Cena: 3.500 pta
Habitaciones: 66 dobles, 6 individuales, 3 con salón
Instalaciones: aire acondicionado, bar, restaurante, salón de convenciones, calefacción, teléfono, garaje, piscina
Tarjetas de crédito: AE, DC, EC, MC, V

¿Cuál es y a qué responde el nombre del Parador de Tortosa?

Este Parador, en la provincia de Tarragona, se denomina «Castillo de la Zuda» o «Castillo de San Juan», fortaleza construida por los árabes el año 714. El nombre de la Zuda procede del nombre del pozo construido por Abderramán III el año 944.

¿Cuál es la historia de la ciudad de Tortosa?

Enclavada en una elevación que domina el río Ebro y asentada en el poblado ibérico de «Ilercavon», fue ciudad romana y más tarde visigoda. Conquistada en el 714 por los árabes, fue reconquistada por Ramón Berenguer IV en el 1148. En ella permaneció un fuerte contingente de moriscos y judíos, sectores muy activos y cultos.

¿Algunos capítulos de la historia del Castillo-Parador de Tortosa?

El castillo fue habitado por Ramón Berenguer IV y convertido en sede de la «Señoría de la Ciudad» en los siglos XVI-XVII. Fue también cárcel de la ciudad, residencia real y más tarde cedido a la Orden de los Caballeros del Temple. Su torreón principal es conocido como «Punta del Diamante».

Tortosa desde la Zuda.

• A PIE

La ciudad episcopal de Tortosa posee Catedral de estilo gótico catalán, muy puro, pese a que su construcción se hizo entre 1347 y 1547. Con hermosa girola, en el Altar Mayor se conserva un gran tríptico de madera tallada y policromada, del siglo XIV, con escenas de la vida de Cristo. En la nave central resaltan los dos púlpitos de piedra del siglo XV con magníficos bajorrelieves. La capilla de Nuestra Señora de la Cinta es la más rica y guarda, como reliquia, un cíngulo de la Virgen. El claustro es del siglo XIV. Entre los monumentos góticos de la ciudad hay que visitar el Palacio Episcopal, el convento de Santa Clara, la Casa de la ciudad y la lonja. Entre los renacentistas, sobresalen el colegio de San Matías y San Jaime, la iglesia de Santo Domingo y el colegio de San Luis, fundación de Carlos V para los jóvenes moriscos. El casco antiguo rebosa casas solariegas y en él resalta la antigua judería. El Museo Archivo Municipal alberga piezas interesantes.

• EN COCHE

El Delta del Ebro tiene unos 320 km², formada por el río al adentrarse en el Mediterráneo, con lagunas, arrozales y marismas que configuran un atractivo paisaje y uno de los oasis más fascinantes de Europa. Es lugar de paso de aves migratorias y una de las zonas húmedas más importantes del continente por su extraordinaria población de flamencos, gaviotas, patos, garzas, cernícalos… El Parque tiene una superficie total de 7.736 Ha y está dividido en zonas salobres, carrizales, bosques de ribera y arrozales. El número de aves varía entre 50.000 y 100.000, distribuidas en 300 especies que representan el 60 % de las especies de toda Europa, lo que hace de él una de las zonas más ricas del mundo. Otro atractivo son las montañas cercanas a Tortosa, denominadas «Ports de Tortosa y Beseit», y su monte Caro con 1.447 metros de altitud.

• La pila bautismal de la catedral procede de los jardines del Palacio de Peñíscola del papa Benedicto XIII y está decorada con relieves alusivos al Cisma de Occidente, con el escudo de armas del papa Luna.

• En el Museo-Archivo Municipal de Tortosa, resalta el *Libre de las Costums,* de 1272, compuesto por 300 folios en pergamino, y es quizá el más avanzado y completo código legal del medioevo.

Oferta gastronómica

Variedad de arroces y pescados, siendo muy apreciados los platos cuya base son las especies autóctonas del Delta del Ebro, como la anguila, las angulas y las ancas de rana. Es frecuente que los pescados se presenten con la salsa «romesco» o con el alioli. Lasaña de salmón ahumado, zarzuela de pescado, perdiz en «salmis», mousse de queso fresco, harina de arroz con leche, «garrofets», vinos suaves del Priorato y del Bajo Ebro y cavas catalanes.

PARADOR DE TRUJILLO

Santa Beatriz de Silva, 1
10200 Trujillo CÁCERES

Conviene Saber

☎ 927 321 350
Fax: 927 321 366
trujillo@parador.es
Localización: convento
Categoría: ****
Precio: habitación doble 15.000 pta

Desayuno: 1.300 pta
Comida/Cena: 3.700 pta
Habitaciones: 45 dobles, 1 con salón
Instalaciones: bar, restaurante, calefacción, salón de convenciones, teléfono, garaje, piscina
Tarjetas de crédito: AE, DC, EC, MC, V

¿A qué responde el nombre de Trujillo?

La ciudad de Trujillo, en Extremadura, responde a la antigua «Turgalium» —'sin agua'— poblado céltico sobre el que los romanos fundaron una población que en tiempos agarenos, con grandioso castillo y fuertes murallas, se convirtió en «Turgielo», «Turgiela» o «Truxellum», y que el día 25 de enero de 1232 fue conquistada por Fernando III el Santo. Vencida la nobleza indómita y orgullosa de los Altamiranos, Bejaranos y Añasco, Isabel la Católica tomó posesión de la ciudad en 1477.

¿Cuál es la historia del edificio en el que se ubica el Parador?

El antiguo convento de Santa Clara fue fundado en el siglo XVI por la Orden de Concepcionistas. Su claustro tiene tres fuentes de estilo renacentista, con arquerías de medio punto sobre pilares cuadrados, sobremontados por galería adintelada sobre columnas toscanas y antepecho con óculos.

¿A qué responde el dicho de que «veinte naciones americanas se concibieron en el seno de Trujillo»?

Trujillo es la patria de muchos conquistadores. Entre otros, Francisco Pizarro, fundador de Lima, en Perú; García de Paredes, fundador de ciudad Trujillo, en Venezuela; Orellana, el descubridor del Amazonas; Nuflo de Chaves, fundador de Santa Cruz, en Bolivia; Francisco de las Casas, compañero de Hernán Cortés en la conquista de México; Hernando de Alarcón, en California, fray Jerónimo de Loaisa, primer obispo de Cartagena de Indias.

Comedor del Parador de Trujillo.

• A PIE

La Plaza Mayor, con la estatua ecuestre de Francisco Pizarro, regalada por la esposa del norteamericano Carlos Rumsey, rodeada de soportales y de palacios de gran belleza, como el de la Conquista, Vargas Carvajal, Duques de San Carlos; Chaves Cardeñas, Iglesia de San Martín, antiguo Ayuntamiento, Piedras Albas, Suárez de Toledo… La Casa de la Cadena, la Torre del Alfiler, Castillo, Calle de las Palomas, restos de murallas de la época árabe, con las puertas del Arco del Triunfo, de San Andrés, de Santiago y La Gloria; iglesia de Santiago con gran talla románica; iglesia de Santa María, de estilo románico y con magnífico retablo y 24 tablas góticas de Fernando Gallego; Convento de San Francisco, cuya iglesia guarda un lienzo atribuido a Mateo Cerezo; Palacio de los Orellana-Pizarro… «La Villa» conserva todavía dentro de las 32 torres del recinto amurallado un conjunto de casas fuertes y solariegas de gran calidad…

• EN COCHE

El Parque Natural de Montfragüe, en el que confluyen los ríos Tiétar y Tajo, que cuenta con 17,862 Ha, con especies de flora y fauna únicas en Europa, es espectáculo de primer orden turístico. Entre las 320 especies diferentes de animales sobresalen águilas imperiales, reales, perdiceras, alimoches, buitres, búhos reales, ciervos, cigüeñas negras, garzas, gavilanes, gatos monteses, linces ibéricos, milanos reales, nutrias, patos, ruiseñores, turones, zorzales… Los romanos le dieron a este lugar el nombre de «Monfraguarum», similar al dado por los árabes —«Al-Monfrag»— y cuyo significado es el de 'Monte Fragoso'. Las torres desmochadas de su castillo hablan de batallas sangrientas libradas en el siglo XIII, cuando tan soberbia fortaleza fue Casa Matriz de la Orden del «Montfrag» y estos caballeros habían traído la Virgen desde Palestina.

• La Plaza Mayor de Trujillo es una de las más señoriales de España y es llamada «Plaza Mayor de la Hispanidad».

• Trujillo cuenta con un Mercado Regional de Ganados, Feria Agroganadera y el Mercado Nacional del Queso.

Oferta gastronómica
Sopa de tomate con higos, revuelto de espárragos trigueros, guisado de criadillas de tierra, migas con chocolate, ancas de rana, frite de cordero trujillano, ajo blanco, pestorejo, repápalos, queso, «corazones de monjas»…

Parador de Tui «San Telmo»

Avenida de Portugal, s/n
36700 Tui PONTEVEDRA

Conviene Saber

☎ 986 600 300
Fax: 986 602 163
tui@parador.es
Estilo: arquitectura local
Categoría: ***
Precio: habitación doble 11.500-15.000 pta

Desayuno: 1.300 pta
Comida/Cena: 3.500 pta
Habitaciones: 25 dobles, 3 individuales, 2 con salón
Instalaciones: bar, restaurante, teléfono, calefacción, jardín, piscina, garaje, tenis
Tarjetas de crédito: AE, DC, EC, MC, V

¿Cuál es y a qué responde el nombre del Parador de Tuy?

Se denomina «San Telmo» en honor de este santo, patrono de la ciudad episcopal de Tui.

¿Quién fue San Telmo?

San Pedro González Telmo fue un fraile dominico, nacido en Frómista —la antigua «Frumenta» de los romanos— que fue una de las ciudades más importantes del Camino clásico o francés de Santiago a su paso por la actual provincia castellano-leonesa de tierra adentro de Palencia. Este santo murió en la ciudad de Tuy el año 1240. Por sus relaciones milagrosas con el mar fue considerado «Patrono de mareantes o navegantes».

¿Cuál es la historia de la ciudad de Tui?

Tui es una de las ciudades más antiguas de Galicia. Se corresponde con la ciudad «Castellum Tyde» —«roquedal estratégico»— del *Itinerario Romano* de Antonino. Fue lugar importante en la época de los suevos y sede de la corte visigótica del rey Witiza. El año 721 fue invadida y destruida por los árabes. Doña Urraca la restauró en el 1071. El obispado se hizo cargo de la villa a finales del siglo XII, la amuralló y la dotó de importante puerto fluvial. Fue capital de una de las siete provincias gallegas hasta 1833. Toda ella es una interesante ciudad medieval edificada sobre una suave colina y cuyas callejuelas ascienden a la Catedral o bajan al Miño.

• A Pie

Hay que ver y admirar sobre todo su Catedral. La ciudad, frecuentemente atacada por los portugueses, le confirió a su catedral el papel de iglesia-fortaleza dotándola de poderosas torres y muros almenados. Fue consagrada en 1232 y su estilo románico gótico responde a su estructura militar. No obstante, presenta una armoniosa composición. Su portada, con abundante decoración, tiene ocho arquivoltas adornadas con relieves preciosos con la escena de la Adoración de los Pastores. La puerta principal es uno de los conjuntos escultóricos más impresionantes del siglo XIII. Destacan además las torres de San Andrés y la de las Once Campanas. Hay que admirar la capilla-museo, la de Santiago, diversos retablos, sillería del coro con escenas de la vida de San Telmo y la capilla de este santo o de las Reliquias. Desde las galerías del claustro se contemplan vistas preciosas de la ciudad y de Valencia do Miño en Portugal, a la otra orilla del río. En la cripta los peregrinos oran en la alcoba en la que murió San Telmo. Hay que ver además en Tui el Museo, convento de Hermanas Clarisas, iglesias de santo Domingo del siglo XIV y San Bartolomé y el crucero que representa un Descendimiento decorado con relieves.

• En Coche

Hay que dirigir los pasos hacia la portuguesa Valencia do Miño, con su laberinto de calles, ciudad íntegramente amurallada. Santa Tecla es un promontorio de 343 metros de altitud, importante estación arqueológica, en la que se encuentra un castro celta y un mapa tallado en la roca, que es tal vez la representación cartográfica más antigua de Occidente. En la parte más alta del monte hay un museo con diversos objetos celtas hallados en estos lugares y es posible contemplar una de las más preciosas vistas de la desembocadura del Miño y de las tierras portuguesas. En La Guardia hay que visitar el templo de Santa María, Torre del Reloj, Casa Consistorial, Casona de los Verela, Monasterio de las Benedictinas, Monumento al Pescador, Colegio-Escuela de San José, Castillo de Santa Cruz y ermita de Nuestra Señora de la Guía.

• En el Parque Natural del Monte Alhoya se han encontrado restos de una antigua población hispano-romana.

• El puente internacional sobre el río Miño fue obra del arquitecto francés Eiffel, construido en 1884.

• Entre A Guarda y Tui hay diversos pueblos por los que es posible efectuar una original «ruta del vino».

Vista del Parador.

Oferta gastronómica
Langosta, empanada de bacalao y pasas, lamprea, rodaballo en salsa de camarones con almejas, chuletón de ternera de Moaña con pimientos de Padrón, angulas del Miño, filloas rellenas al aroma de vainilla, tarta de almendra, copa helada San Telmo y tarta de San Ero. Vinos Ribeiros y Albariños.

PARADOR DE ÚBEDA «CONDESTABLE DÁVALOS»

Plaza de Vázquez Molina, s/n
23400 Úbeda JAÉN

Conviene Saber

☎ 953 750 345
Fax: 953 751 259
ubeda@parador.es
Localización: palacio
Categoría: ****
Precio: habitación doble 16.500-18.500 pta
Desayuno: 1.300 pta
Comida/Cena: 3.700 pta
Habitaciones: 34 dobles, 2 con salón
Instalaciones: aire acondicionado, restaurante, bar, teléfono, calefacción, aparcamiento
Tarjetas de crédito: AE, DC, EC, MC, V

¿Cuál es y a qué responde el nombre del Parador de Úbeda?

Se denomina este Parador «Condestable Dávalos», importante personaje de la historia de España, «privado» del rey Juan II, nacido en esta ciudad que, si bien no vivió en el palacio en el que se asienta el Parador, sino en otro cercano, recibió su nombre en memoria de una de las personalidades más ilustres de Úbeda.

¿En qué palacio se ubica el Parador del Condestable Dávalos?

Está enclavado en el palacio que perteneció a don Fernando Ortega Salido, canónigo-deán de Málaga y primer capellán de la Sacra Capilla del Salvador, conocido como el «Deán Ortega». El edificio data del siglo XVI, aunque renovado en el XVII, y hay que admirar sobre todo su patio interior, galerías acristaladas y noble escalera.

¿Algún dato histórico de la ciudad de Úbeda?

Úbeda entró en la historia en la época de la dominación árabe con el nombre de «Unnadat Al Arab». Fue conquistada definitivamente por san Fernando en 1234, el día de San Miguel, patrono de la ciudad. Vivió su edad de oro, el renacimiento, de la mano del arquitecto Andrés de Vandelvira y de los «Mecenas» Francisco de Cobos y Juan Vázquez de Molina. El primero fue secretario del emperador Carlos V y de los Consejos de Castilla y Hacienda y el segundo secretario de Felipe II.

Exterior del Parador de Úbeda.

• A Pie

La Sacra Capilla del Salvador fue proyectada por Diego de Siloé y ejecutada por Andrés de Vandelvira. Su interior es fastuoso, con un Cristo de Berruguete. Otros monumentos son éstos: Hospital de los Honrados Viejos del Salvador, antiguo Pósito, iglesia de Santa María de los Alcázares, Palacio del Marqués de Mancera, Cárcel del Obispo, Palacio de las Cadenas, iglesia de San Pablo, capillas el Camarero Vago y de las Mercedes, Puerta del Losal, Casa Mudéjar, Museo Arqueológico, Ayuntamiento Viejo, Palacio de Vela de los Cobos, Monasterio de Santa Clara, iglesia de San Pedro, Casa de los Morales, iglesia de Santo Domingo, Puerta de Granada, Casa de las Torres, iglesia de San Lorenzo, Hospital de Santiago...

• En Coche

Baeza es la antigua «Baetia» de los romanos y la «Bayyasa» de los árabes, que también alcanzó su máximo esplendor en el renacimiento, y sus similitudes con Toledo y con la italiana ciudad de Siena son múltiples. Sus principales argumentos turísticos son éstos: Casa del Pópulo, Arco del Villar, Puerta de Jaén, antigua Carnicería, capilla del Santo Cristo del Cambrón, Palacio del Marqués de Fontecillas, Palacio de Jabalquinto, iglesia de Santa Cruz, plaza de Santa María y su fuente, Seminario de San Felipe Neri, Catedral con sus puertas de la Luna y del Perdón, capilla del Sagrario, Capilla Dorada, Palacio de Cabrera, Puerta de Úbeda, Torre de los Aliatares, Alhóndiga, Casas Consistoriales, Palacios de Cerón y de los Condes de Garcíez, Casas Acuña y Cabrera, iglesias de San Pablo, San Andrés, el Salvador... La Fuente de los Leones es un monumento ibero-romano procedente de Castulo. Antigua Universidad.

• En Úbeda murió san Juan de la Cruz el día 14 de diciembre de 1591 y en la Encarnación de Baeza terminó su *Cántico Espiritual.* En su Oratorio hay un pequeño museo con reliquias del santo y un dibujo de la Crucifixión, del que se dice que inspiró al Cristo de Dalí.

• En el Instituto de Baeza, edificio de la antigua Universidad creada en 1542, dio clases de francés don Antonio Machado en los años 1912-19.

Galería del Parador.

Oferta gastronómica

Migas, carnes a la brasa, andrajos, rollo de buñuelo, ajoblanco, ensalada de perdiz, cordero con habas, lomo de orza, pipirrana casera, rabo de toro, pierna de choto al horno, bacalao al estilo de Baeza, «rascao» de higos secos, empanadillas de cabello de ángel, suspiros de monja, natillas, galletas y «guiñapos».

PARADOR DE VERÍN «MONTERREY»

Parador de Verín
32600 Verín OURENSE

Conviene Saber

☎ 988 410 075
Fax: 988 412 017
verin@parador.es
Localización: arquitectura local
Categoría: ***
Precio: habitación doble 11.500-13.500 pta

Desayuno: 1.200 pta
Comida/Cena: 3.200 pta
Habitaciones: 21 dobles, 1 individual, 1 con salón
Instalaciones: restaurante, bar, teléfono, calefacción, garaje, jardín, piscina
Tarjetas de crédito: AE, DC, EC, MC, V

¿Cuál es y a qué responde el nombre del Parador de Verín?

Se denomina «Monterrey» y tal nombre responde a su ubicación en este castillo-fortaleza, situado en un solar que sirvió de Colegio de Jesuitas en el siglo XVI.

¿Cuál es la historia del conjunto del castillo-fortaleza de Monterrey?

Fue un antiguo castro y su disposición es perceptible todavía. Más que castillo de los condes, Monterrey era una plaza fuerte con conventos, hospital y poblado, que fue abandonado en el siglo XIX y cuya importancia estribaba en su situación estratégica frente a Portugal. Posee tres recintos: el primero de planta estrellada según el modelo Vauban, del siglo XVI. En el centro se elevan la Torre del Homenaje y la Torre de las Damas. La fachada sur del Palacio se adorna con triple galería renacentista. Pedro el Cruel, perseguido, se refugió en él. A su muerte, el rey de Portugal trató de apoderarse de la fortaleza, que se rindió en 1369 a Fernando de Castro, partidario del monarca portugués.

¿Qué acontecimiento histórico especialmente importante tuvo lugar en esta fortaleza?

En su recinto amurallado se celebró el histórico encuentro entre el rey Felipe el Hermoso y el cardenal Cisneros. Hay que resaltar que son muchas las leyendas que rodean este conjunto monumental, que es el más importante de la provincia de Ourense.

• A Pie

La iglesia de Santa María de Gracia es románica, del siglo XIII, y resalta su preciosa puerta recorrida por tres arquivoltas lobuladas. Destaca el portal del que fue Hospital de Peregrinos desde 1492. En el tímpano de la portada de la iglesia resalta un Cristo de Majestad rodeado de los símbolos de los evangelistas. La Casa del Asistente es una de las mejor conservadas. Enfrentado al patio de Armas está el Pazo Condal de los siglos XV y XVI. El convento de los Mercedarios es del siglo XVI. Hay que visitar además la Plaza Mayor y ver el puente sobre el «sagrado» río Támega, así como la Casa Blasonada del Barrio de San Lázaro.

• En Coche

Verín, en el valle del Támega o de Monterrey, es famosa por sus vinos y por sus aguas minero-medicinales, indicadas para el tratamiento de afecciones reumáticas y renales. Entre ellas se citan las de Fontenova y las cercanas a Verín de Cabreiroá, Sousas y Vilaza. En su convento de la Merced se venera un Cristo de Gregorio Fernández. La villa de Celanova nació junto al monasterio de San Salvador, de gran importancia en la historia de las artes y de la cultura gallega, fundado por san Rosendo en el siglo X. El interior de la iglesia es obra perfecta del barroco. En su altar mayor se hallan las reliquias de San Rosendo y San Torcuato. En sus proximidades se encuentra el santuario de la Virgen de Cristal, venerada por el poeta Curros Enrique, que nació en Celanova, al igual que el poeta Celso Emilio Ferreiro. La iglesia de San Miguel, mozárabe del siglo X, es un verdadero relicario de arte. Vilanova de los Infantes está dominada por la silueta de una impresionante torre. Al sur del municipio de Bande se conserva la joya arquitectónica de la iglesia de Santa Comba de Bande, de estilo visigótico y de inspiración bizantina. En Baños de Bande hay restos romanos o celticorromanos, que pudieron pertenecer a la «mansio» «Aquis Querquernis» de la calzada de Braga a Astorga.

- En el Pazo Condal de Monterrey funcionó una de las primeras imprentas de España y la primera de Galicia. En ella se editó el famoso *Misal Auriense* en 1494.
- En estos lugares hay muestras de pallozas, que aquí son llamadas «palleiras».
- Estas tierras fueron pobladas en la antigüedad por los «tamagani», que fueron dominados después por los romanos.

Dos vistas del interior del Parador de Verín.

Oferta gastronómica
Chuleta de ternera rubia gallega, crema de marisco, lomos de bacalao, asado de cabrito lechal, merluza gallega, pulpo a feira, empanadas, merluza a la cazuela, jamón asado, cañas con crema, filloas, melindres, vino blanco, tinto y rosado de Monterrey. Y agua mineral embotellada, ya desde 1940 en Fontenova.

Parador de Vic

Paraje El Bac de Sau
08500 Vic BARCELONA

Conviene Saber

☎ 938 122 323
Fax: 938 122 368
vic@parador.es
Localización: montaña
Categoría: ****
Precio: habitación doble 13.500-15.000 pta
Desayuno: 1.300 pta
Comida/Cena: 3.500 pta
Habitaciones: 30 dobles, 4 individuales, 2 con salón
Instalaciones: aire acondicionado, bar, calefacción, restaurante, ascensor, salón de convenciones, garaje, jardín, piscina, tenis
Tarjetas de crédito: AE, DC, EC, MC, V

¿Dónde se ubica el Parador de Turismo de Vic?

Está situado a 14 kilómetros de la ciudad barcelonesa de Vic, en un bello paraje cercano al embalse de Sau del río Ter, rodeado de un anfiteatro de montañas, en el bello paisaje de la serranía de Les Guilleries.

¿Cuál es la característica principal de este Parador?

Sobre todo, su aportación de belleza paisajística, de naturaleza, de perspectivas magníficas, de paz y tranquilidad y de sintonía con la típica construcción de la zona, dado que tiene un aire acusado de masía catalana, embellecido con galerías y arcadas de líneas airosas. La oferta deportiva es rica y cercana, sobre todo en relación con los deportes naúticos.

¿Con qué apodo es conocida la ciudad de Vic?

Es conocida con el apodo de «la Ciudad de los Santos», dado que han sido canonizados o beatificados un importante número de hijos nacidos en ella, como san Antonio María Claret, san Miguel de los Santos, santa Joaquina Vedruna… Es la ciudad con más conventos, iglesias y colegios de religiosos y religiosas de toda Cataluña. También se fabrican muchas imágenes de santos y santas. No obstante, también en esta ciudad vivieron los más célebres bandidos catalanes como Juan de Serrallonga y Pedro de Rocaguirnalda.

El pantano de Sau desde el Parador.

• A Pie

Su Plaza Mayor porticada es una de las mayores de Cataluña, de origen medieval y rodeada de edificios de diversos estilos, con celebración de mercados semanales —mención especial para el del «Ram» o del ganado. En la catedral resaltan su campanario románico y las inmensas pinturas murales, dignas de Miguel Ángel, realizadas por José María Sert, en color negro y oro viejo, que dan fama universal al templo. En el claustro están los sepulcros del filósofo Jaime Balmes y del mismo Sert. También hay que ver diversas iglesias barrocas, el hospital gótico de Santa Creu, con fachada de estilo plateresco. Adosada al castillo de los Montcada, del que se conserva una parte, quedan restos de un templo romano. El Museo Episcopal tiene importantes obras de arte. También hay que ver el Ayuntamiento, el Palacio Episcopal y el Museo Balmesiano.

• En Coche

Contiguo al parador se halla el monasterio benedictino de San Pedro de Casserras, del siglo XI, al borde del pantano de Sau en el Ter, con iglesia lombarda. El castillo de Savassona, la iglesia y el campanario románico de Sant Feliu se encuentran cercanos, al igual que Santa Maria de Corcó y los santuarios de Nuestra Señora de la Salud y del Far. En la llamada Plana de Vic se halla el pueblo de Santa Eugènia de Berga con su iglesia románica de los siglos XI-XII, con alto campanario. La oferta de naturaleza es impresionante, con todas las bellezas contenidas en el embalse, así como con todos sus recursos deportivos y de ocio. El cercano Parc Natural del Montseny tiene 13,255 Ha y en él hay extensos hayedos. Dispone del Centro de Interpretación de Sant Cascades, así como de una exposición permanente en el Casal de Cultura del pueblo de Montseny. Hay instalada una Estación meteorológica en el Turó de l'Home, a 1.712 metros de altura.

• Vic, la antigua capital íbera de los ausetanos, la «Ausa» romana, tuvo gran protagonismo civil y eclesiástico en la Edad Media.

• Vic conserva uno de los legados arquitectónicos y artísticos más importantes de toda Cataluña.

Oferta gastronómica

Olla de garbanzos con embutidos y carne de vacuno, lomo de cerdo con grosellas, pollo a la cazuela con tomillo, butifarra con judías y chipirones, solomillo con salsa de trufas, escalivada, pies de cerdo, bizcochos, crema catalana, quesos, caldos ampurdaneses y del Penedés.

PARADOR DE VIELHA «VAL D'ARÁN»

Carretera de Túnel, s/n
25530 Vielha LLEIDA

Conviene Saber

☎ 973 640 100
Fax: 973 641 100
viella@parador.es
Localización: montaña
Categoría: ***
Precio: habitación doble 12.500-15.000 pta

Desayuno: 1.300 pta
Comida/Cena: 3.500 pta
Habitaciones: 113 dobles, 13 con salón
Instalaciones: bar, restaurante, teléfono, calefacción, garaje, salón de convenciones, ascensor, jardín, piscina
Tarjetas de crédito: AE, DC, EC, MC, V

¿Cuál es y a qué responde el nombre del Parador de Vielha?

Se denomina «Val d'Aran» por estar enclavado en el espectacular escenario pirenaico de esta zona montañosa de unos 600 km², que incluye una serie de preciosos valles cerrados por picos de montañas que rebasan los 3.000 metros de altitud.

¿Por qué y en qué difiere tanto este Val d'Aran del resto de los valles y tierras catalanas?

Entre otras cosas, porque su disposición orográfica facilitó más la influencia francesa que la española. La carretera del Port de la Bonaigua no se construyó hasta 1925 y el túnel de Vielha no se abrió hasta 1948, habiendo permanecido el valle en su aislamiento, conservando intacto su dialecto y sus tradiciones. El valle comenzó a formar parte de Cataluña en 1174.

¿Qué característica arquitectónica especial tienen los pueblos del Val d'Aran?

Sus pueblos son 39 y todos ellos están agrupados alrededor de una iglesia románica.

• A PIE

Vielha, capital del Val d'Aran, tiene argumentos turísticos excepcionales para ser visitada y admirada. Su iglesia parroquial, dedicada a San Miguel, es de los siglos XII-XIII, aunque reformada en el XIV. De la primera época perduran la portada principal y la espadaña de la fachada oeste. Hay que admirar su campanario octogonal, con su reloj, la pila bautismal y el retablo gótico. En una capilla se venera el busto románico, y de autor desconocido, del *Cristo de Mig Aran,* único fragmento de un Descendimiento del siglo XII, de bellísimo rostro minuciosamente tallado, sobre todo con su cabello y su barba. Este Cristo se considera como el «mayor y más dramático de los Cristos románicos del Pirineo». En la Torre del general Martignon se ubica el Museo Etnológico, con curiosas colecciones de artesanía, industrias populares y muestras de flora, arte local, glaciarismo y minerales del valle. «La Piedra del Mig-ran» es un menhir de base cuadrada de casi dos metros de altura, que tal vez fuera puntal de una construcción funeraria.

• EN COCHE

Los itinerarios turísticos recomendables a seguir por el Val d'Aran son múltiples y llenos de sorpresas. Una de estas rutas tiene los siguientes puntos de referencia: Vaquèira-Beret, Coeillas, Tredòs, Salardú, el oratorio de Nuestra Señora de Monserrat y Gessa, Arties, Pleta de Garòs, Aran Medio, Betren, Vilac, Aubert, Baricauba, Arròs, La Cantina, La Bordeta, Portillo de Bossòt, Bossòt, Lés, Bausen, Pont del Rei, Pobla de Segur, Barruera, Tremp… En la iglesia parroquial de este pueblo se halla la imagen gótica de madera policromada, de dos metros de altura, de Santa María de Valdeflors. En Barruera se halla la célebre iglesia de San Clemente de Taül, auténtica joya del románico, con sus tres naves y una

Dos vistas del interior del Parador.

Oferta gastronómica

Olla aranesa, trucha a la «llosa», cordero asado con «allioli», solomillo de buey, salmón al horno, alubias, setas con jamón, «civets» de rebeco o jabalí, picadillo de hígados, fideos gruesos, pudin de castañas, crema catalana, crêpes con crema de limón, «pescajons», ciruelas maceradas en coñac.

torre aislada con seis picos. Cerca está el famoso lago de San Mauricio, en el Parque Nacional de Aigües Tortes.

• Cerca de Tredòs, en la ermita de San Esteban, se encontró una extraño busto de la diosa Isis, del panteón del Egipto faraónico y que hoy se halla en el Museo de Tolosa.

• «Vincau» significa en lengua aranesa 'vino caliente' y es una bebida muy semejante al «glühwein» bávaro, predilecta de los pastores y montañeros alpinos.

• El parador de Vielha tiene un mirador en forma de embudo invertido, desde donde se divisa la aldea de Gausac, las montañas, casas de madera y la piedra diseminada por los prados, una de las panorámicas más panorámicas de toda Cataluña.

Parador de Vilalba «Condes de Vilalba»

Valeriano Valdesuso, s/n
27800 Vilalba LUGO

Conviene Saber

☎ 982 510 011
Fax: 982 510 090
vilalba@parador.es
Localización: castillo
Categoría: ***
Precio: habitación doble 15.000-17.500 pta

Desayuno: 1.100 pta
Comida/Cena: 3.200 pta
Habitaciones: 48 dobles, 1 con salón
Instalaciones: bar, restaurante, calefacción, ascensor, jardín, teléfono, aparcamiento
Tarjetas de crédito: AE, DC, EC, MC, V

¿Cuál es y a qué responde el nombre del Parador de Vilalba?

Este Parador, situado en Vilalba, capital de la «Terra Cha» —«tierra llana»— de la provincia de Lugo, se denomina «Condes de Vilalba», por hallarse precisamente en la Torre de los Andrades, uno de los baluartes medievales de mayor interés de la región. Fue construido en el siglo XII por Rodrigo Sánchez.

¿Cuál es la historia de Vilalba y de su castillo?

Hasta mediados del siglo XIV perteneció a la poderosa familia de los Castro, de origen castellano y cuyo título más importante en Galicia era el de condes de Lemos. En 1364, Pedro I el Cruel dio el castillo y el señorío a la Casa de Andrade en la persona de Fernán Pérez de Andrade, *O Bóo,* —«El Bueno»—, que fue quien más engrandeció esta casa y cuyos sucesores formaron un poderoso estado en Galicia. Contra un Andrade se sublevaron los «Hermandiños». Vencidos éstos, se reconstruyó el castillo hacia 1480. El castillo ostenta la gallarda arquitectura de su impresionante torre octogonal y su entrada principal dispone de puente levadizo.

¿Qué importancia tuvo don Fernando de Andrade, conde de Vilalba?

Acompañó y socorrió al Gran Capitán en la batalla de Seminara, en Italia. El cardenal Cisneros le confirmó el mando de las tropas reales. Carlos V lo nombró capitán general de la Armada y después capitán general del Reino de Galicia. Al ser designado papa Adriano VI, fue nombrado capitán general de los Estados Pontificios y Príncipe de Caserta.

• A Pie

Además del castillo-Parador que se encuentra en el centro de Vilalba, en A Costa hay que admirar su importante pazo y su zona, de la que es originario el famoso queso de San Simón. El pazo de Sistallo se ubica en Cospeito y es uno de los más imponentes y bellos de Galicia, con marcada influencia irlandesa, con jardines y ostentoso escudo. En las cercanías se halla la laguna de Cospeito, recuperada después de haberse secado, en la que conviven garzas, cigüeñas y ánades. En Castro de Rei se halla el castro de Viladonga, que con sus 10.000 m^2 es posiblemente uno de los de mayores proporciones de Galicia.

• En Coche

Betanzos —antiguo «Brigatum Flavium» de los romanos— es uno de los lugares con sobrados atractivos turísticos para justificar una excursión desde el Parador de Vilalba, entre tantos otros como existen a distancias similares. Situada la ciudad en la ría de su nombre, fue capital de una de las siete provincias de Galicia. Su puerto compitió con el de A Coruña. Entre sus monumentos principales resaltan las iglesias de estilo gótico gallego, de los siglos XIV-XV, de Santiago, Santa María de Azogue y San Francisco. De los siglos XIII-XIV datan las puertas de sus murallas: Porta da Vila, Da Ponte Vella, Do Cristo y Da Ponte Nova. Resaltan asimismo los edificios del palacio de Bendaña, Palacio de Lanzós y la Torre del Reloj, así como el antiguo Ayuntamiento, el Hospital de la Anunciata y la iglesia de Nuestra Señora del Camino, el Archivo, Colegio de Huérfanas, convento de Agustinas Recoletas, Museo de las Mariñas y Museo del Traje Regional y convento de Santo Domingo.

• Entre las Ferias de Vilalba sobresale la «Feira dos Capóns», famosa por sus capones navideños.

Exterior de la Torre de los Andrades, sede del Parador de Vilalba.

Oferta gastronómica

Capones de Vilalba, empanadas, torilla áurea, lacón con grelos, queso de San Simón de forma cónica y exterior ambarino, buey de Francia, vieiras, berberechos, lampreas, langosta, centolla, percebe, pateiros, longueirones, robaliza, carne de ternera, cerdo y caza, vino chirlo «oagredoce», almendras de las Agustinas, aguardientes y licores de nuez, guinda, trevolés y los famosos «chinguiritos» a la brigantina con café moka.

• La iglesia de San Francisco de Betanzos está relacionada con Vilalba por estar enterrada en ella su constructor Fernán Pérez de Andrade, señor de Vilalba. En su sepulcro, el noble descansa cómodamente los pies sobre el lomo de un jabalí y de un oso.

• El Ayuntamiento de Betanzos fue diseñado por el célebre arquitecto del siglo XVIII Ventura Rodríguez. Es muy original la fiesta de «Los Carneiros» y lo es también el lanzamiento festivo del Globo.

PARADOR DE VILLAFRANCA DEL BIERZO

Avenida de Calvo Sotelo, s/n
24500 Villafranca del Bierzo LEÓN

Conviene Saber

☎ 987 540 175
Fax: 987 540 010
villafranca@parador.es
Localización: carretera
Categoría: ***
Precio: habitación doble: 11.500-13.500 pta

Desayuno: 1.200 pta
Comida/Cena: 3.200 pta
Habitaciones: 29 dobles, 10 individuales, 1 con salón
Instalaciones: restaurante, bar, teléfono, jardín, calefacción, garaje
Tarjetas de crédito: AE, DC, EC, MC, V

¿Cómo se creó la ciudad de Villafranca del Bierzo?

Sus orígenes son los propios de la peregrinación y del Camino de Santiago, tal y como indica su nombre. Fue fundada en el siglo XI como burgo de los franceses peregrinos —«Villa-franca». Éstos llegaron a ser tan numerosos en población que hasta tuvieron jurisdicción propia.

¿Por qué «del Bierzo»?

Por encontrarse en esta comarca, una de las más ricas de España, siempre tan apetecida por los pueblos que la conquistaron. «Castrum Bergidum Flavium», capital prerromana de El Bierzo, fue cuna de esta comarca que, además, etimológicamente, le dio su nombre.

¿Qué monjes tuvieron singular importancia en la fundación de Villafranca del Bierzo?

En la fundación de esta villa —final de la décima etapa del Códice Calixtino— intervinieron también los monjes de Cluny, que en 1070 fundaron un monasterio y la iglesia dedicada a Nuestra Señora del Cluniaco. Durante la Edad Media la villa dependió directamente del rey, como patrimonio propio. Después dependió de diversos señores feudales e incluso del Arzobispo de Compostela. El año 1486 fue creado su marquesado y en los siglos XVII y XVIII llegó a ser destacado centro artístico, comercial y cultural.

• A Pie

La Colegiata de Santa María tiene trazas de Gil de Hontañón. Hay que visitar y admirar las iglesias de San Juan, de San Fiz y de San Nicolás, el castillo-palacio de los Condes de Peña Ramiro y el convento de la Anunciada con su retablo churrigueresco, el sagrario y el panteón de los marqueses. Este convento fue fundado sobre el antiguo hospital de peregrinos y es fama que en él residiera el mismo san Francisco de Asís. La iglesia románica de Santiago, construida en 1186, tiene el privilegio concedido por el Papa Calixto II de que los peregrinos a Compostela que por razones de enfermedad no puedan continuar su camino hasta la ciudad del Apóstol, pueden conseguir en esta iglesia, las mismas perdonanzas, gracias y beneficios espirituales. En los Años Santos suele también abrirse su llamada Puerta del Perdón. La calle del Agua es una de las más nobles y bellas de todo el Camino. En una de sus casas nació el erudito polígrafo fray Martín de Sarmiento y en otra el escritor Enrique Gil y Carrasco, el autor de la novela *El Señor de Bembibre.*

• En Coche

Villafranca del Bierzo es punto de referencia para las rutas ecológicas más atractivas. También lo es para el recorrido del Camino de Santiago —hoy Patrimonio de la Humanidad— en sus dos direcciones, así como para la visita y admiración de diversos monasterios ubicados en parajes de impresionante belleza. La riqueza de la comarca de El Bierzo es hoy eminentemente ecológica. Su capital —Ponferrada— nació al servicio del Camino como la «Pons Ferrata» del obispo Osmundo de Astorga, para facilitar el paso a los peregrinos. Fernando II donó la villa a los templarios, que reconstruyeron su imponente castillo. Cerca de él se halla el santuario de la Virgen de la Encina, del siglo XVI, que es la patrona de El Bierzo. Hay que visitar además los templos de San Andrés y de las monjas concepcionistas, la casa barroca del Ayuntamiento, el Arco del Reloj, diversas casas blasonadas y, en las afueras, la iglesia románica de Santa María de Vizbayo y el templo mozárabe de Santo Tomás de las Ollas.

• Villafranca del Bierzo alcanzó nada menos que la capitalidad administrativa de la nueva provincia de El Bierzo durante el año 1822.

• Los peregrinos a su paso por Villafranca del Bierzo admiraban y admiran ya desde el Códice Calixtino la hospitalidad de sus habitantes, así como las frutas de la tierra, con mención preferente para el vino.

San Nicolás, en Villafranca del Bierzo.

Oferta gastronómica
Trucha con unto, botillo de El Bierzo, pulpo a la berciana, chanfaina berciana, carne de ternera, huevos fritos con zorza, canchelada, peras en almíbar, «suspiros de monjas»... Y el vino de El Bierzo.

PARADOR DE ZAFRA «HERNÁN CORTÉS»

Plaza Corazón de María, 7
06300 Zafra BADAJOZ

Conviene Saber

☎ 924 554 540
Fax: 924 551 018
zafra@parador.es
Localización: pl. del casco antiguo
Categoría: ****
Precio: habitación doble 15.000-17.500 pta

Desayuno: 1.300 pta
Comida/Cena: 3.500 pta
Habitaciones: 44 dobles y una con salón
Instalaciones: aire acondicionado, bar, restaurante, teléfono, ascensor, jardín, piscina, calefacción
Tarjetas de crédito: AE, DC, EC, MC, V

¿Cuál es y a qué se debe el nombre del Parador de Zafra?

Se denomina de «Hernán Cortés», en recuerdo del descubridor, conquistador y colonizador de México, nacido en el pueblo extremeño de Medellín, protegido de los Duques de Feria y residente en este su palacio-castillo.

¿Cuál es la historia del edificio del Parador?

Este Alcázar-Castillo-Palacio fue construido por don Lorenzo Suárez de Figueroa, conocido como «el Magnífico», en 1437. Al primer edificio le fueron añadidos el patio central y aditamentos exteriores con diseño de Juan de Herrera.

¿Cuáles son las zonas artísticas más importantes del Parador?

Su capilla, con su bella cúpula octogonal gótica, obra de talla dorada y pintada de azul oscuro, así como la llamada «Sala Dorada» con rico artesonado de lacería morisca y escudos policromados del siglo XV.

• A pie

Su Plaza Mayor o Grande, amplia, solemne, porticada y señorial. En una de las columnas de su Plaza Chica está esculpida la «Vara de Medir», público comprobante de la exactitud de las medidas. Son dignos de ser visitados el convento de Santa Clara, el Hospital de Santiago «para servicio de Dios y acogimiento de los pobres», el convento de Santa Catalina, el de las Carmelitas con tablas de Morales, el de Santa Marina, de la Encarnación y Mina, la Casa Grande, diversas casas nobiliarias, el Arco de Jeréz y la Colegiata de Nuestra Señora de la Candelaria, con la capilla de San José, con retablo barroco de Churriguera. Entre los suntuosos retablos resalta uno con nueve lienzos de Francisco de Zurbarán, pintados en 1644, de los que el más grande —dos metros de altura— representa la entrega de la casulla por la Virgen a San Ildefonso de Toledo.

• En coche

El Balneario del Raposo, cuyas aguas están indicadas para el reumatismo, la obesidad, la artritis, sistema nervioso y enfermedades de la piel. En Calzadilla de los Barros, se conserva el mejor retablo gótico de toda la región, cuyo autor fue Antón de Madrid, de finales del siglo XV, con 28 tablas. Fuente de Cantos fue la patria de Zurbarán y en su iglesia parroquial de la Granada se conserva su partida bautismal. Hay que ver además el Convento del Carmen y la ermita de Nuestra Señora de la Hermosa. Bienvenida es la cuna de la dinastía taurina de los Bienvenida por haber nacido aquí Manuel Mejías Rapela. Hay que admirar la parroquia de los Ángeles y la ermita de la Virgen de los Milagros y, entre sus casas solariegas, la de los Jaraquemada. La iglesia de Nuestra Señora de Gracia de Usagre tiene una de las portadas gótico-mudéjares mejores de los ss. XV y XVI. En Villagarcía de la Torre nació y está enterrado el cardenal Siliceo, el austero preceptor de Felipe II y arzobispo de Toledo. Llerena, la «Ellerina» del Califato de Córdoba, fue capital de la Orden de Santiago y residencia de sus Maestres. Los Reyes Católicos instalaron en ella el activo Tribunal de la Inquisición. Fue patria de Pedro Cieza de León, principal cronista de Indias. La fuente de su Plaza Mayor fue proyectada por Zurbarán, que residió algún tiempo en esta ciudad. Hay que ver la bellísima Iglesia de Nuestra Señora de la Granada, con su torre conocida como «La Giralda Chica», el convento de Santa Clara, con talla de Martínez Montañés; el palacio de los Zapata; la iglesia de Santiago; las murallas del siglo XIV; Palacio Episcopal, residencia del Tribunal de la Inquisición,...

Vista del Parador.

Oferta gastronómica
Caldereta, cocido extremeño, cerdo con almejas, revuelto de trigueros, huevos con pestorejo, ajoblanco, solomillos de cerdo ibérico en hojaldre, arroz con liebre, riñonada, cochifrito...

- Zafra es conocida turísticamente como «Sevilla la Chica» por sus similitudes con la capital de Andalucía.
- Zafra es y fue siempre «La Ciudad de las Ferias» por antonomasia. El término «Zafar» equivale en árabe al mes de 'junio', por las famosas ferias que se celebraban en este mes y que hoy lo hacen a finales de septiembre.
- Zafra se corresponde con «Segeda» —sus naturales son «segedanos»—, pueblo de la Veturia Turdetana, célebre en las guerras de Viriato contra los romanos. Éstos la llamaron «Restituta» o «Contributa Julia».

PARADOR DE ZAMORA «CONDES DE ALBA Y ALISTE»

Plaza de Viriato, 5
49001 ZAMORA

Conviene Saber

☎ 980 514 497
Fax: 980 530 063
zamora@parador.es
Localización: palacio en el casco antiguo
Categoría: ****
Precio: habitación doble 15.000-18.500 pta

Desayuno: 1.300 pta
Comida/Cena: 3.500 pta
Habitaciones: 47 dobles, 5 individuales
Instalaciones: aire acondicionado en comedor, bar, restaurante, calefacción, garaje, jardín, piscina, salón de convenciones
Tarjetas de crédito: AE, DC, EC, MC, V

¿Cuál es y a qué se debe el nombre del Parador de Zamora?

Se denomina «Condes de Alba y Aliste» y se encuentra instalado en el antiguo palacio de estos nobles, que se construyó sobre el solar de la alcazaba romana, en 1459, por el primer Conde de Alba y Aliste, reedificándolo después el cuarto conde del mismo título, al haber sido semiderruido por los Comuneros.

¿Cuáles son las piezas arquitectónicas principales de este edificio?

Su magnífico patio y su escalera, que son otros tantos ejemplos preciosos de la arquitectura civil castellano-leonesa. Sobre las columnas del patio hay excepcionales medallones con motivos mitológicos e históricos, así como de la estirpe de los primeros propietarios.

¿De dónde puede proceder el nombre de «Zamora»?

Puede derivarse del vocablo árabe «zamarat» que significa 'esmeralda', piedra preciosa que los árabes pudieran confundir con la variscita, mineral de color verdoso con posibilidades gemológicas, que abundan en la zona oeste de la provincia. Otros la hacen derivar de «Azamur», 'olivo silvestre'.

Vista de la ciudad de Zamora.

• A Pie

La Catedral es el monumento más representativo, y es llamada «la perla del siglo XII». Conjuga románico, cisterciense, el bizantino en su original y bella cúpula, la fachada grecorromana del norte, la cabecera de estilo gótico tardío, la Puerta del Obispo, su coro, su museo, su claustro… Hay que ver la iglesia de Santiago el Viejo, las de San Claudio, de San Pedro y San Ildefonso, de Santa María la Nueva, la Magdalena, el Hospital de la Encarnación, San Lorenzo, la Concepción, Santa María de la Horta, San Juan, Santiago el Burgo, San Esteban y San Vicente, el palacio de los Momos, Ayuntamiento Viejo, Castillo y las Murallas, la Puerta de Doña Urraca, el palacio de la Diputación, los puentes sobre el Duero, el Museo de la Semana Santa…

• En Coche

Toro, «la ciudad de Doña Elvira», es capital de la Tierra del Vino —la «Albocela» de los vacceos citada por Tito Livio y Ptolomeo— es célebre desde los tiempos de Aníbal. Fue sede de las Cortes de Castilla durante los siglos XIV al XVI. Estaba dotada de un impresionante recinto amurallado ya en tiempos de los romanos. Destacan la Torre del Reloj, los arcos de la Corredera y del Postigo. Su alcázar fue el último baluarte de la Beltraneja. La colegiata de Santa María la Mayor muestra un bellísimo cimborrio de arte bizantino, con fastuoso Pórtico de la Gloria o Majestad. En el interior sobresale el famoso cuadro de la «Virgen de la Mosca». En su conjunto arquitectónico resaltan las iglesias de San Lorenzo el Real, Santa María de la Vega, Cristo de las Batallas, el Salvador, San Pedro del Olmo, Santo Sepulcro, monasterio de Sancti Spiritu el Real, con el sepulcro de doña Beatriz de Portugal, iglesia de la Santísima Trinidad, Santo Tomás Canturiense, con retablo de Berruguete, convento de Carmelitas y de Mercedarias, palacio de las Leyes, del Marqués de Alcañices, del Obispo, de María de Molina…

• Zamora se caracteriza por la Semana Santa, la manifestación más generosa de la piedad, tradición y cultura, con una capacidad de atracción turística tal, que ha sido declarada «Fiesta de Interés Turístico Internacional».

• Zamora se relaciona con Viriato, así como con el Cid Campeador, cuya casa se conserva y en cuya iglesia de Santiago de los Caballeros es fama que fue armado caballero.

Oferta gastronómica

Sopa de boda, moje de Aliste, bacalao a la tranca, huevos a la sangüesa, Sanantonada, trucha escabechada, pulpo a la sanabresa, asado «Dios nos libre», «dos y pingada», perdices y tiberios, patatas bravas, salteado toresano, ternera mechada, rabo de toro estofado, rebojo casero, astillas almendradas, queso de terruño, melocotón asado, escudilla del Duero,… Y vino de Toro.

Hostería de Alcalá de Henares «Del Estudiante»

C/ Colegios, 3
28801 Alcalá de Henares MADRID

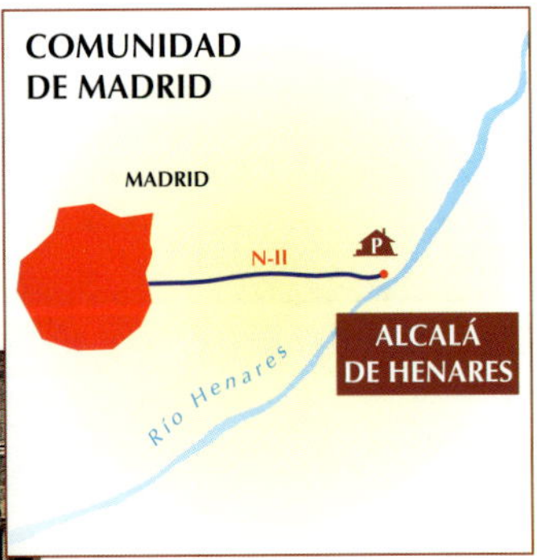

Conviene Saber

☎ 918 880 330
Fax: 918 880 527
Categoria: 3T

Localización: colegio del siglo XVI
Comida/Cena: 3.700 pta
Tarjetas de crédito: AE, DC, EC, MC, V

¿Cómo se denomina la Hostería de Alcalá de Henares?

Esta Hostería lleva el sobrenombre «Del Estudiante» por estar ubicada en el edificio que fuera Colegio de San Jerónimo, llamado también «Trilingüe» por impartirse en él enseñanzas de hebreo, griego y latín. Fue fundado por el cardenal Francisco Ximénez de Cisneros en 1510.

¿Cuáles son las estancias, hoy dedicado a Hostería?

Con el nombre de «Trilingüe» se conoce también el patio anejo a la Hostería, con sus 36 columnas de fuste liso y monástico por la paz y la ambientación ajardinada. En el centro se halla el pozo original, formado por conchas a modo de veneras y rematado por sus hierros primitivos. El comedor es un gran salón castellano, de gruesas vigas y piso de baldosas. La gran chimenea le presta un encanto y acogida esencialmente hospitalarias. La nota colorista la ponen las jamugas, alforjas, candiles y pellejos de vino. De él arranca una escalera que conduce a un gran salón para banquetes.

¿Con qué población anterior se relaciona Alcalá de Henares?

Se relaciona con la antiquísima «Iplacea» y en su terminología actual quiere decir «fortaleza» o «castillo», al proceder su nombre de la ciudad musulmana «al-kalat-Nahar», si bien su procedencia etimológica parece ser caldea. Los romanos la llamaron «Complutum», se menciona el año 80 a. C. y parece querer decir «confluir» por ser nudo vital de comunicaciones. Está emplazada al pie de los cerros del Viso y del Ecce Homo.

• A PIE

Además de comer, en Alcalá de Henares tiene mucho que ver el visitante. No sólo la comida justifica el viaje. Alcalá es ciudad histórica y monumental. El edificio más importante de su antiguo conjunto universitario es el Colegio Mayor de San Ildefonso, edificado de acuerdo a técnicas constructivas tradicionales de carácter mudéjar. Su grandiosa fachada es uno de los ejemplos más armoniosos de la arquitectura plateresca española. Fue construida a partir de 1537 por Rodrigo Gil de Hontañón. El Paraninfo o Teatro Clásico es obra importante. La Capilla de San Ildefonso es uno de los ejemplos más significativos del «estilo Cisneros». Conserva el sepulcro del Cardenal, obra de Doménico Francelli. Por la Puerta de Burgos o Arco de San Bernardo asegura la tradición que hizo su entrada el cardenal Cisneros a la vuelta de su campaña de Orán. En el Palacio Episcopal hay que admirar su grandiosa escalera, obra de Alonso de Covarrubias y que posiblemente es la mejor del renacimiento español. El arzobispo Tenorio edificó a finales del siglo XIV un castillo señorial conocido como «Torreón de Tenorio». La iglesia-colegiata denominada la Magistral de Alcalá se levanta sobre el mismo lugar en el que recibieron el martirio los Santos Niños Justo y Pastor, degollados en el siglo IV. En su traza intervinieron Antón y Enrique Egas. Destaca también la urna con las reliquias de San Diego de Alcalá. En el sepulcro de los Santos Niños intervino Gregorio Fernández. Otros monumentos son éstos: Convento de San Bernardo, de la Madre de Dios, Oratorio de San Felipe Neri, Hospital de Antezana, Convento de la Imagen de Carmelitas Descalzas, Salón-Teatro, Convento de San Juan de las Penitencias, la fachada de la iglesia y Colegio de San Basilio Magno, Colegio de Málaga, Colegio de San Patricio, Convento de Concepcionistas, Casa de la Entrevista, Capilla del Oidor, Casa-Museo de Cervantes, Colegio del Rey. En el Ayuntamiento se guarda un ejemplar de la «Biblia Políglota Complutense», de seis tomos, y la partida bautismal de Miguel de Cervantes, «bautizado el día 9 de octubre de 1547 en la parroquia de Santa María de esta villa» y que se contiene en el libro primero de bautismos, en el folio 132.

• El Colegio del Rey es fundación de Felipe II y entre sus colegiales se cuentan Antonio Pérez, Quevedo, don Juan de Austria, Ambrosio de Morales...

• La Casa-Museo de Cervantes se ubica en el lugar que ocupara la de Rodrigo Cervantes, el sangrador del antiguo hospital y padre del insigne novelista.

• En el Hospital de Antezana residió San Ignacio de Loyola.

• Alcalá de Henares es también la patria chica del emperador Fernando de Austria.

Plaza de Cervantes.

Oferta gastronómica

En la Hospedería se ofrecen todos los platos de la cocina española, con mención especial para el ajoblanco, cordero asado, costrada de Alcala, y, como postres, natillas con pestiños. No obstante, lo más típico y popular son las «migas con chocolate» con merienda por la tarde.

Índice por Comunidades Autónomas

Andalucía

Aragón

Asturias

Canarias

Cantabria

Castilla-La Mancha

Castilla y León

Cataluña

Extremadura

Galicia

PARADORES DE TURISMC